相続と保険の実務

改正民法（相続法）対応

松嶋　隆弘
井口　浩信
吉原　恵太郎

編著

保険毎日新聞社

はしがき

　本書は、法的な観点から、相続の場面における生命保険・損害保険の取扱い
を具体的に説明した、相続法と保険法との交錯領域に関する実務解説書であ
り、この分野における法律実務家の座右の書として利用されることを目的とし
ている。

　相続は、法定相続と遺言相続とに大別され、前者は、性質上非訟事件である
遺産分割により進められ、後者は、遺言の執行として進められ、それに不服な
当事者は、遺言無効の訴えまたは遺留分侵害額請求の訴えを提起して争う。こ
れらは性質上訴訟事件である。本書では、このような相続の手続に即して、そ
の各段階において保険がどのようにかかわっていくかを述べている。

　具体的には、まず、第1章で、平成30年相続法改正を概観した後、第2章
で、遺産分割の手続に即し、保険とのかかわりを説明する。周知のとおり、遺
産分割調停事件では、近時「段階的進行モデル」による処理が進められてお
り、本書でも、かかるモデルに従い、その段階ごとに、関連する保険法・保険
実務上の論点を配置し、説明している。次いで、第3章では、遺留分侵害額請
求がなされる場合において問題となりうる保険法・保険実務上の論点を解説し
ている。遺留分侵害額請求は、性質上、遺言の一部無効ともいうべきものであ
るところ、前記の相続法改正では、法的効果の点を中心に大きな改正が加えら
れた。また、近時、いくつかの注目すべき裁判例も登場している。本書では、
これらについてもやや立ち入った解説を加えている。最後に、第4章で、生命
保険・損害保険に分け、それぞれの保険金の受領につき解説する。

　ここで本書の成り立ちにつき一言する。本書は、もともと、版元である保険
毎日新聞社から、本企画の提案を受けた松嶋が、日頃から親炙している吉原、
井口に相談したことを機縁としてスタートした。松嶋は、中小会社法を研究領
域とし、事業承継の観点から相続法にも関心を有する研究者・実務家であり、
井口は、損保業界出身で、現在、保険法を中心に研究・教育に従事している。
さらに吉原は、損害保険の法務を主たるフィールドとする実務法曹である。こ

のような共編者の関心を反映した本書は、前記の目次立てに反映することとなった。結果として、相続法と保険法の交錯領域につき、適切に焦点を当てることができたのではないかと思っている。

　そして、執筆は、われわれが日頃から親しくしている若手・中堅実務家の方々にお願いすることにした。いずれも日頃から裁判実務、保険実務にかかわっている信頼できる方々である。

　本書の刊行につき、担当編集者井口成美さんに対し、執筆者一同を代表し、厚く御礼申し上げる次第である。われわれとしては、本書が、保険実務、相続実務にかかわる実務家諸氏にとって有益な書物として利用され、少しでも実務の改善に貢献できることを願っている。

　令和2年11月

共編者　　松嶋　隆弘

井口　浩信

吉原恵太郎

追記

(1)　段階的進行モデルについては、東京家庭裁判所家事第5部編著「東京家庭裁判所家事第5部（遺産分割部）における相続法改正を踏まえた新たな実務運用」家庭の法と裁判号外（日本加除出版、2019年）に基本的に依拠しているが、同書に言及されていない事項については、適宜、小田正二ほか「東京家庭裁判所家事第5部における遺産分割事件の運用」判タ1418号（2015年）を参照している。

(2)　本書中、松嶋の執筆部分は、公益財団法人石井記念証券研究振興財団令和2年度研究助成の成果の一部である。

凡　例

本書では、以下の表記、略記、略語、略称を用いる。

1　法令名等

民法もしくは債権法	民法の一部を改正する法律（平成29年法律第44号）によって改正された民法（債権法）
民法もしくは相続法	民法及び家事事件手続法の一部を改正する法律（平成30年法律第72号）および法務局における遺言書の保管等に関する法律（平成30年法律第73号）によって改正された民法（相続法）
民法（特別養子関係）	民法等の一部を改正する法律（特別養子関係）（令和元年法律第34号）によって改正された民法（特別養子関係）
改正前民法	平成30年法律第72号・第73号によって改正される前の民法
民	上記の（　）内の表記
家事事件手続法	民法及び家事事件手続法の一部を改正する法律（相続関係）（平成30年法律第72号）および民法等の一部を改正する法律（特別養子関係）（令和元年法律第34号）によって改正された家事事件手続法
家事法	上記の（　）内の表記
法務省令	民法第909条の2に規定する法務省令で定める額を定める省令（平成30年法務省令第29号）
遺言書保管法	法務局における遺言書の保管等に関する法律（平成30年法律第73号）
区分所有	建物の区分所有に関する法律
自賠法	自動車損害賠償保障法
戸籍	戸籍法
民訴	民事訴訟法

2 文献等

一問一答	堂薗幹一郎＝野口宣大編著『一問一答 新しい相続法』（商事法務、2019年）
小田ほか・判タ1418号	小田正二ほか「東京家庭裁判所家事第5部における遺産分割事件の運用」判例タイムズ1418号（2015年）
概説改正相続法	堂薗幹一郎＝神吉康二編著『概説 改正相続法』（金融財政事情研究会、2019年）
片岡＝菅野・改正相続法と家裁実務	片岡武＝菅野眞一『改正相続法と家庭裁判所の実務』（日本加除出版、2019年）
片岡＝菅野・遺産分割・遺留分の実務	片岡武＝菅野眞一編著『家庭裁判所における遺産分割・遺留分の実務〔第3版〕』（日本加除出版、2017年）
潮見・詳解相続法	潮見佳男『詳解 相続法』（弘文堂、2018年）
新版注釈民法⑭	柚木馨＝高木多喜男『新版注釈民法⑭債権⑸』（有斐閣、1993年）
新版注釈民法⑲相続⑴	潮見佳男編『新版注釈民法⑲相続⑴』（有斐閣、2019年）
新版注釈民法㉗相続⑵	谷口知平＝久貴忠彦編『新版注釈民法㉗相続⑵』（有斐閣、1989年）
中間試案	「民法（相続関係）等の改正に関する中間試案」（平成28年6月21日）
追加試案	「中間試案後に追加された民法（相続関係）等の改正に関する試案（追加試案）」（平成29年7月18日）
東京家裁・家判号外	東京家庭裁判所家事第5部編著「東京家庭裁判所家事第5部（遺産分割部）における相続法改正を踏まえた新たな実務運用」家庭の法と裁判号外（2019年）
部会資料	法制審議会民法（相続関係）部会資料

3　判例表示および判例集等

最判（決）平 8 ・12・17民集 50巻10号2778頁	最高裁判所平成 8 年12月17日判決（決定）最高裁判所民事判例集第50巻第10号2778頁
東京家審昭44・2・24家月 21巻 8 号108頁	東京家庭裁判所昭和44年 2 月24日審判家庭裁判月報第21巻第 8 号108頁
最高裁	最高裁判所
高裁	高等裁判所
家裁	家庭裁判所
大民集	大審院民事判例集
民集	最高裁判所民事判例集
家月	家庭裁判月報
下民	下級裁判所民事裁判例集
集民	最高裁判所裁判集民事
判時	判例時報
判タ	判例タイムズ
最判解説民	最高裁判所判例解説民事篇
家判	家庭の法と裁判
金判	金融・商事判例
労判	労働判例
ジュリ	ジュリスト
金法	旬刊金融法務事情
民商	民商法雑誌

4　その他

自賠責保険	自動車損害賠償責任保険
損保料率機構	損害保険料率算出機構
東京家裁	東京家庭裁判所家事第 5 部
法制審	法制審議会民法（相続関係）

目　　次

はしがき

凡　例

第1章　総　　論 I

第3章　遺留分侵害額請求における保険の取扱い　161

第4章　　保険金の受領　205

▶ Column 目次

第1章

総　　論

Ⅰ　相続法改正の概要

1　はじめに

　相続法は、自然人の死を契機とした財産の承継の在り方を規律する応用財産法といってもよい分野であり、民法は、遺言がない場合における法定相続と、遺言がある場合における遺言相続につき、それぞれ規定を置く。

　これを手続の観点からみると、前者は、遺産分割手続、後者は、遺言執行者による遺言の執行の手続として整理される。さらに裁判という観点からすると、主に前者は、家庭裁判所における遺産分割調停・審判として、後者は、遺言内容に不服な者による遺言無効の訴え、遺留分侵害額請求として制度構築される。そして、前者は、家庭裁判所における非訟事件、後者は、地方裁判所による訴訟事件として、裁判管轄、事件の性質を異にし、相互の関連なく進行していく。

　本書の冒頭である本節は、平成30年相続法改正（以下、この項につき改正法という）の概要につき解説するものであるが、改正法が完全に施行された今日においては、前記の手続に即して、改正項目を説明するのが、便宜であると思われる。そこで、まず、後記2において、遺産分割手続において主として問題となる改正項目を、続く3においては、遺言無効、遺留分侵害額請求において主として問題となる改正項目をそれぞれ解説していく。前者は、本書の第2章に、後者は、第3章に、それぞれ相当するが、もちろん、若干の出入りはありうる。

2　遺産分割手続において主として問題となる改正項目

⑴　はじめに

　東京家裁を中心とする調停実務では、遺産分割調停事件につき、「段階的進

【図表 1】遺産分割手続において主として問題となる改正項目

各 段 階	改正項目
①　相続人	―
②　相続財産の範囲	(i)　配偶者居住権および配偶者短期居住権 (ii)　仮払い制度 (iii)　遺産分割前における遺産を処分した場合の遺産の範囲 (iv)　一部分割
③　遺産の評価	―
④　各相続人の取得額・特別受益／寄与分	(v)　配偶者の保護（持戻し免除の意思表示の推定） (vi)　特別寄与料
⑤　遺産の分割方法	―

行モデル」が用いられている（第 2 章 I 参照）。このモデルによると、手続は、概ね民法の条文の順序に由来する 5 つの段階から成る。すなわち、①相続人（民886条〜895条）、②相続財産の範囲（民896条）、③遺産の評価、④各相続人の取得額・特別受益／寄与分（民900条〜904条の 2）、⑤遺産の分割方法（民906条〜914条）の 5 つの段階である。これに即して改正項目を配したのが、**図表 1** である（(vi)は、特別寄与料が特別受益の制度に倣って作られたところから、便宜上、④に配置してみたにすぎない）。

　以下、この順に従って、説明する。

(2)　遺産の範囲に関する改正 1：配偶者居住権および配偶者短期居住権

(i)　配偶者居住権の新設

　改正法は、配偶者の居住権を保護すべく、配偶者居住権を新設した。ここに配偶者居住権とは、生存配偶者（多くの場合、妻）の「終の棲家」を権利として確保しようとするものである。かかる生存配偶者は、多くは高齢者であり、長年住み慣れた「わが家」に最期まで住み続けたいという希望が強いのが通例である。ところが、被相続人が遺言を残さず死亡したような場合、かかる生存配偶者の居住は、多くは無償かつ事実上のものにとどまるとして、分割協議に

おいても十分な配慮が払われない。

　そこで、改正法は、所定の要件（民1028条1項）の下、生存配偶者は、当該建物の全部につき無償で使用・収益する権利（配偶者居住権）を取得するものとして、前記の「希望」を実現すべく、法制上の整備を図ることにした（民1028条以下）。

(ⅱ)　配偶者短期居住権

　配偶者の居住への要望の中には、前記のような終の棲家を望むことのほか、遺産分割が終了するまでの間、暫定的に住まわせてほしいというものもある。改正法は、かかる要望に対しても、配偶者短期居住権の新設という形で適えようとしている。ここに配偶者短期居住権とは、要は、生存配偶者が、被相続人たる配偶者（多くの場合、夫）に関する遺産分割に関し話が着くまでの間（正確には、遺産の分割により居住建物の帰属が確定した日または相続の開始の時から6か月を経過した日のいずれか遅い日までの間）、当該居住建物に無償で居住することができるという権利のことである（民1037条）。

　すでに判例（最判平8・12・17民集50巻10号2778頁）では、共同相続人の1人が相続開始前から被相続人の許諾を得て遺産である建物において被相続人と同居してきたときは、特段の事情のない限り、被相続人と当該相続人との間において、当該建物について、相続開始時を始期とし、遺産分割時を終期とする使用貸借契約が成立していたものと推認される旨判示し、意思表示の推認の方法を用い、何とかして、配偶者の短期居住を確保しようとしているものが存在する。改正法は、前掲最判平8・12・17の趣旨を一歩進め、配偶者短期居住「権」という、「権利」を新設し、遺産分割のケリがつくまでの間、配偶者の暫定的な居住を権利として確保しようとした。

(3)　遺産の範囲に関する改正2：預貯金債権に関する規律
(ⅰ)　最高裁大法廷決定の登場とその条文化の断念

　預貯金のような可分債権が遺産分割の対象になるかについては、議論があり、従前からの判例は、相続財産中に可分債権があるときは、その債権は、相

続開始と同時に当然に相続分に応じて分割されて各共同相続人の分割単独債権となり、預金債権も、可分債権として、当然に、分割されることになる旨明示していた（最判昭29・4・8民集8巻4号819頁、最判昭53・12・20民集32巻9号1674頁、最判平16・4・20集民214号13頁等）。

　しかし、このような立場によると、遺産のかなりの部分を占める預貯金債権を遺産分割の対象とすることができず、公平な遺産分割の実現が困難になる。他方で、預貯金債権を分割の対象に含めてしまうと、葬儀費用等の支出にも不便が生じかねない。この並び立たないニーズの中で、遺産分割に関するデフォルト・ルールをどのように設定するのかが、問題となった。

　折しも、最決平28・12・19（民集70巻8号2121頁）は、「預貯金一般の性格等を踏まえつつ以上のような各種預貯金債権の内容及び性質をみると、共同相続された普通預金債権、通常貯金債権及び定期貯金債権は、いずれも、相続開始と同時に当然に相続分に応じて分割されることはなく、遺産分割の対象となるものと解するのが相当である」旨判示し、預貯金債権が遺産分割の対象に含まれるとの判断を示した。

　ただ、前掲最決平28・12・19は、可分債権全般ではなく、預貯金債権に関してのみ判示するものにすぎず、かつ、その射程がどこまで及ぶのか、必ずしも判然としない。そのようなことから改正法は、この問題について条文化することは断念した。

(ⅱ)　仮払い制度等の創設・要件明確化

　その代わり、改正法は、分割途中で預貯金の引き出しができなくなることからくる不都合を解決すべく、2つの方策を用意することにした。一つには、所定の要件の下、家庭裁判所の判断を経ないで、預貯金の一部払戻しを認めることにした（民909条の2、法務省令で、150万円が限度とされている）。もう一つとしては、従前からある家事事件手続法の保全処分につきその要件を緩和することにした（家事法200条3項）。前者は、当面の必要生活費、葬式等が、後者は、相続財産に関する債務の弁済、相続人の生活費の支弁等が、その使途としてそれぞれ予定されている。

(4)　遺産の範囲に関する改正３：遺産分割前における遺産を処分した場合の遺産の範囲

　改正法は、遺産分割前において遺産を処分した場合であっても、共同相続人全員の同意により、当該遺産が遺産分割時に遺産として存在するものとみなすことができる（ただし、処分をした当該相続人については同意不要）ものとした（民906条の２）。共同相続人の１人が遺産分割前に遺産に属する財産を処分した場合に、処分をしなかった場合と比べて取得額が増えるといった不公平が生ずることがないよう、これを是正するためのものである。

(5)　遺産の範囲に関する改正４：一部分割の要件および残余の遺産分割における規律の明確化等

　改正法は、規定がなく明確ではなかった一部分割につき、原則として許容することにしている（民907条１項・２項）。

(6)　特別受益、寄与分に関する改正：遺産分割における配偶者の保護（持戻し免除の意思表示の推定）

　改正法は、遺産分割の場面においても、配偶者の保護を図ろうとしている。すなわち、改正法は、民法903条４項を新設し、婚姻期間が20年以上である夫婦の一方が他の一方に対し、その居住の用に供する建物またはその敷地の全部または一部を遺贈または贈与したとき……は、持戻し免除の意思表示があったものと推定することにした（民903条４項）。これは、「その居住の用に供する建物又はその敷地の全部又は一部」という範囲ではあるが、特別受益の算定の段階において、持戻し免除の意思表示があったものと推定することで、結果として、配偶者の具体的相続分を従前以上に拡大しようと試みているのである。これも、前記の配偶者居住権におけるのと同様、高齢の生存配偶者の生活保護を図ろうという趣旨に出た規定であるといってよい。当初は配偶者の法定相続分の拡張を念頭に置いた提案もなされていたが、権利性を有する法定相続分に手を加えると、必然的に遺留分にも連動することとなり、波及するところが大きすぎる。そこで改正法は、権利性を有しないとされる具体的相続分算定の段階

で（最判平12・2・24民集54巻2号523頁参照）、かつ、特別受益の持戻し免除の意思表示を、あくまでも「推認」するにとどめるという形で、高齢生存配偶者の生活保護を図ることにした。

(7)　その他：特別寄与料

　改正法は、被相続人の親族（特別寄与者）が被相続人の財産の維持または増加に一定の貢献をした場合につき、特別寄与者が、所定の要件の下、「特別寄与料」の請求をできるものとしている（民1050条）。

　これは、たとえば、被相続人の看護につき、相続人たる長男の妻（A）が多大なる貢献をしたような場合に、法定相続人ではない「妻（長男の嫁）」に、一定の経済的リターンを与えようとする改正である。

　このような場合、相続人である長男の寄与分中にその妻の貢献を含めることも可能である。しかし、Aが妻でなければ、それも不可能である（また相続人がいる場合には、特別縁故者制度（民958条の3）を使うことができない）。このような場合、多くは、契約書の取り交わしがなされていないであろうから、何らかの契約法の救済（たとえば、準委任契約に基づく請求（民656条、643条））は考えられようが、立証上のハードルが大きいといわざるをえない。

　そこで改正法は、相続人以外の者が被相続人の療養看護をした場合等を念頭に置いて、そのような貢献をした者に一定の財産を取得させる方策をとることにした。特別寄与者の範囲は、親族とされている（民1050条1項かっこ書参照）。

3　遺言無効、遺留分侵害額請求において主として問題となる改正項目

(1)　はじめに

　遺言無効も遺留分の主張も、遺言の効力を否定するという点では共通する側面を有している。これらに関し、改正法は、①自筆証書遺言制度の見直しを図るとともに、②相続の効力につき、対抗要件制度との調整を図った。そして、③遺留分制度について、その効力を物権効から債権効へと変更をすることにした。

⑵ 遺言制度に関する見直し

（ⅰ） 自筆証書遺言の方式緩和、遺言の保管制度の新設

民法は、遺言者が遺言を自ら書く場合、要式性・自署性を厳格に要求している（自筆要件）。これは、簡易に利用しうる自筆証書遺言において、遺言者の最終意思の確実さを担保しようとする趣旨に出た規制である。すなわち、公証人が遺言作成過程に介在する公正証書遺言と異なり、自筆証書遺言においては、簡易で便利である反面、（死後に本人に確認することができない遺言者の）最終意思の確実さを担保する必要がある。そのため、民法は、遺言に際して、自筆要件を厳格に要求するとともに、相続開始時において、検認手続の履践を求めているのである（民1004条1項）。

しかしながら、厳格な自筆要件の貫徹は、他面において、自筆証書遺言から、簡便さという長所を奪い取ってしまう。高齢化社会を迎えたわが国において、高齢者が、人生の最終局面で自己の意思を遺言に残そうとする場合に、厳格な自筆要件を貫徹することは（特に、財産目録まですべて自署を要求することは）、せっかくの遺言の無効を招来し、かえって「角を矯めて牛を殺す」帰結となる。

そこで、改正法は、自筆証書遺言における過剰規制を排し、その利用の促進を図るべく、財産目録について、下記のとおり、自署を求めないこととした。

すなわち、改正法は、自筆証書遺言をする場合において、遺言事項と添付書類である財産目録とを分け、前者については、従前どおりに自署性を要求する一方、後者については、自署を要求せず、ワープロ書きでもよいことにした（民968条2項）。そのうえで、ワープロ書きの目録には、各葉に、署名・捺印を求めることにしている。

その他に、新たに法務局における保管制度が新設された（遺言書保管法）。今後は、かかる自筆要件が緩和された自筆証書遺言の制度が、公正証書遺言制度と制度間競争をしていくことになる。

（ⅱ） 遺贈の担保責任等

改正法は、遺贈の担保責任につき、「遺贈義務者は、遺贈の目的である物又

は権利を、相続開始の時（その後に当該物又は権利について遺贈の目的として特定
した場合にあっては、その特定した時）の状態で引き渡し、又は移転する義務を
負う。ただし、遺言者がその遺言に別段の意思を表示したときは、その意思に
従う」旨の規定を置くことにした（民998条）。

　これは、債権法改正と平仄を合わせる改正である。すなわち債権法改正にお
いて、担保責任に関する規制（民560条以下）が変更されたのを受け、遺贈の担
保責任も、それに法制上の平仄を合わせるべく変更するものとしたのである。

(iii)　遺言執行者の権限明確化

　遺言執行者は、遺言の内容を実現する重大な職責を有する。改正前民法は、
遺言執行者につき、「相続人の代理人とみなす」としたうえ（改正前民1015条）、
その権限につき、相続財産の管理その他遺言の執行に必要な一切の行為をする
権利義務を有する旨規定していた（改正前民1012条）。

　しかしながら、遺言執行者の法的地位については、判例学説上依然として議
論が分かれ（遺言執行者がいる場合に、遺言執行者と相続人のいずれに当事者適格
が認められるかが争われた裁判例も多い）、このような議論の混迷は、遺言者の
意思と相続人の利益とが対立する場合において、遺言執行者と相続人との間
で、紛争の火種となり、ひいては遺言の執行を困難にさせる。

　そこで、改正法は、遺言執行者の権限の地位と明確化を図った。すなわち、
遺言執行者は「遺言の内容を実現するため」、相続財産の管理その他遺言の執
行に必要な一切の行為をする権利義務を有するとし（民1012条1項）、その権限
内において、遺言執行者であることを示してなした行為が、相続人に対し直接
に効力を有するものとすることとした（民1015条）。

(3)　相続の効力に関する改正

(i)　法定相続分を超える部分についての対抗要件の要求

　第1に、改正法は、相続による権利の承継は、遺産の分割によるものかどう
かにかかわらず、法定相続分を超える部分については、対抗要件を具備しなけ
れば、第三者に対抗できないものとする（民899条の2第1項）。

　これは、相続させる遺言（特定財産承継遺言）に関する最判平3・4・19（民集45巻4号477頁）を変更する提案であるということができる。すなわち、前掲最判平3・4・19は、特定の遺産を特定の相続人（A）に「相続させる」趣旨の遺言があった場合には、当該遺言において相続による承継を当該相続人の意思表示にかからせたなどの特段の事情のない限り、何らの行為を要せずして、当該遺産は、被相続人（B）の死亡の時にただちに相続により承継される旨判示する。この立場によると、法定相続分を超えるか否かにかかわらず（さしあたり遺留分の話は横に措いて考える）、遺産分割を経ずに、ダイレクトに被相続人から当該相続人に承継されることになり、対抗要件具備は問題とされない。

　問題は、Aが登記未了の間に、他の共同相続人（C）が登記を了し、当該遺産（ここでは不動産とする）を第三者（D）に転売してしまった場合である。判例（最判平14・6・10家月55巻1号77頁）によると、この場合、前掲最判平3・4・19のロジックに従い、AはBから直接権利を取得し、Cは無権利者となる。したがって、Aは、無権利者であるD（無権利者Cからの取得であるので当然無権利者である）に対して、相続させる遺言による取得を対抗することができる。AD間は対抗問題にはならない。

　興味深いのは、AがBの相続人ではなかった場合、これとは全く逆に、ADが対抗問題とされることである。すなわち、もしこのような場合であれば、BからAへの承継は、特定承継たる遺贈でしかありえず、結果として、BからAへの遺贈は、登記なくして第三者（D）には対抗できないこととなる（最判昭39・3・6民集18巻3号437頁等）。

　改正法は、この帰結が、アンバランスであるとして、両者の平仄合わせを行うべく、冒頭に述べた改正を企図したのである。

(ii) 遺言執行者がある場合における規律

　第2に、改正法は、「遺言執行者がある場合には、相続人は、相続財産の処分その他遺言の執行を妨げるべき行為をすることができない。」とする改正前民法1013条の規定に加え、「遺言執行者がある場合には、相続財産の処分その他相続人がした遺言の執行を妨げる行為は無効とする。ただし、これをもって

善意の第三者に対抗することができない」旨の規定を追加する（民1013条2項）。これも第1の点と同様、平仄合わせの問題である。すなわち、判例によると、遺言執行者がいる場合、相続人がなした財産処分行為をした場合の効果は絶対無効とされる一方（大判昭5・6・16大民集9巻550頁）、遺言執行者がいない場合には、対抗問題とされ、アンバランスともいいえるからである（前掲最判昭39・3・6参照）。

(iii)　遺留分制度の見直し

遺留分減殺請求行使の効果につき、従来から、判例は、物権的な効果を生ずるものと解してきた（最判昭35・7・19民集14巻9号1779頁、最判昭41・7・14民集20巻6号1183頁、最判昭51・8・30民集30巻7号768頁）。しかし、物権的効果説にはかねてから批判が多い。その一つとして事業承継への悪影響がある。すなわち、物権的効果説によると、遺留分減殺請求の結果、遺贈または贈与の目的財産が、受遺者または受贈者と遺留分権利者との共有になることが多いところ、かかる帰結は、円滑な事業承継を困難にするのみならず、共有関係の解消をめぐって新たな紛争を生じさせるというのである。

改正法は、この点を抜本的に改め、遺留分「侵害額」請求の効果は完全に債権的なものにとどまることとした。具体的には、遺留分を侵害された遺留分権利者（およびその承継人）は、侵害者である受遺者・受贈者に対し、侵害された遺留分額に相当する金銭の支払いを請求することができ、これを遺留分侵害額請求権という（民1046条1項）。かかる遺留分侵害額請求権を受けた受遺者・受贈者は、所定の負担ルールに従い、遺留分侵害額につき債務を負担する。そして、裁判所は、受遺者・受贈者の請求により、前記債務負担の全部または一部につき、相当の期限を許与することができる（民1047条5項）。

遺留分に関する規制は、審議の過程で何度も変遷したが、結果として、今回の改正中、最も大きな変更を受けることとなった。

Column 01　配偶者居住権の取扱い

1　配偶者の居住権を保護するための方策

改正相続法では、配偶者の居住権保護のための方策として、配偶者居住権と配偶者短期居住権を新たに規定した（施行日：令和2年4月1日）。以下、概要等について説明する。

2　配偶者居住権

配偶者居住権とは、配偶者が相続開始時に被相続人の所有建物に居住していた場合において、終身または一定期間、無償でその建物を使用収益することができる権利をいう（民1028条1項柱書）。

配偶者居住権の法的性質は賃貸借類似の法定債権とされ、これを譲渡することはできない（民1032条2項）。

⑴　要　　件

①配偶者（内縁配偶者は除く）が相続開始時に遺産である建物に居住していたこと（以下「居住建物」という）、②居住建物が被相続人の単独所有または配偶者との共有であること、③居住建物について配偶者に配偶者居住権を取得させる旨の遺産分割（協議、調停のほか審判を含むが、審判は一定の要件が必要である。民1029条）、遺贈または死因贈与がなされたこと、である。

⑵　効　　果

配偶者居住権を取得した配偶者は、無償で居住建物全部の使用収益をすることができる（民1028条1項柱書）。建物の一部しか居住部分として使っていなかった場合であっても、配偶者居住権は建物の全体に及ぶ。

存続期間は原則として配偶者の終身の間とされるが、遺産分割協議や遺言、審判で存続期間を定めることもできる（民1030条）。ただし、存続期間を定め

た場合は延長や更新はできない。

　また、配偶者居住権を取得した配偶者は居住建物の使用収益にあたり善管注意義務を負うとともに（民1032条1項）、居住建物の所有者の承諾のない限り、この建物を増改築したり、第三者に使用収益させることはできない（民1032条3項）。

　その他、配偶者居住権を取得した配偶者は居住建物の使用収益に必要な修繕をすることができるとともに（民1033条1項）、居住建物の通常の必要費を負担する（民1034条1項）。

　そして、配偶者居住権の設定登記を備えた配偶者は、第三者に対抗することができる（民1031条2項、605条）。

3　配偶者短期居住権

　配偶者短期居住権とは、配偶者が相続開始時に被相続人の所有建物に無償で居住していた場合において、一定期間、引き続き無償でその建物を使用することができる権利をいう（民1037条1項柱書）。配偶者短期居住権は使用貸借類似の法定債権とされ、これを譲渡することはできない（民1041条、1032条2項）。

　他方、配偶者居住権と異なり、配偶者は一定の要件を充たせば当然に配偶者短期居住権を取得するものであり、また遺産分割時に配偶者の相続分からその価値を控除する必要もないとされる。

(1)　要　　件
　①配偶者（内縁配偶者は除く）が相続開始時に遺産である建物に無償で居住していたこと（以下「居住建物」という）、②居住建物が被相続人の単独所有または配偶者との共有であること、である（民1037条1項柱書）。

(2)　効　　果
　配偶者短期居住権を取得した配偶者は、無償で居住建物の全部または一部を使用することができる。配偶者短期居住権と異なり、収益までは認められないし、居住建物の一部のみを無償で使用していた場合は、その部分についてのみ

配偶者短期居住権を取得する。

　存続期間は、①居住建物について配偶者を含む共同相続人間で遺産分割すべき場合は、相続開始時から、遺産分割により居住建物の帰属が確定した日または相続開始時から6か月を経過する日のいずれか遅い日までである（民1037条1項1号）。②①以外の場合は、相続開始時から、居住建物取得者が短期居住権の消滅の申し入れをした日から6か月を経過する日までである（民1037条1項2号）。

　この場合も、配偶者は使用にあたり善管注意義務を負うとともに（民1038条1項）、居住建物の取得者の承諾のない限り、居住建物を第三者に使用させることはできない（民1038条2項）。

　また、配偶者は居住建物について必要な修繕をすることができるとともに（民1041条、1033条1項）、居住建物の通常の必要費を負担する（民1041条、1034条1項）。

　もっとも、配偶者短期居住権は配偶者居住権と異なり第三者対抗力は認められない。

4　補足（損害保険との関係）

　上述のとおり、配偶者居住権とは、配偶者が相続開始時に被相続人の所有建物に居住していた場合に、終身または一定期間、無償でその建物を使用収益することができる権利である。

(1)　保険料の負担者

　それでは、たとえば配偶者が火災保険の対象となっている居住建物の配偶者居住権を取得し、他の親族が居住建物の所有権（戸建の場合は単独の所有権、分譲マンションの場合は区分所有権）を取得した場合において、保険料の負担者はどのように考えるべきか。

　まず、居住建物が戸建の場合、通常は居住建物取得者が保険契約者となるといえるため、居住建物取得者が保険料の負担者となる。

　また、居住建物が分譲マンションの場合、区分所有者で構成される管理組合

が保険契約者となる以上、契約上の直接的な支払義務者も管理組合となる。

　もっとも、区分所有者は管理組合に対して規約等に基づき管理費支払義務を負うところ、管理費の中には水道光熱費等のほかに保険料も含まれるものである。そのため、本事例でも、区分所有者たる居住建物取得者が実際の保険料（持分の割合に応じた額）の負担者となるといえる。

(2)　保険料の求償

　それでは、(1)の事例において、居住建物取得者たる他の親族は、火災保険の保険料を支払ったうえで、配偶者居住権を取得した配偶者に対して保険料相当額を求償できるか。

　上述のとおり、配偶者居住権を取得した配偶者は「通常の必要費」の支払義務を負う（民1034条1項）。

　また、同項の「通常の必要費」は使用貸借の「通常の必要費」（民595条1項）と同一の概念とされ、具体例として、居住建物の保存に必要な通常の修繕費用のほか、居住建物やその敷地の固定資産税等が含まれると解される[1]。

　このうち、固定資産税は固定資産の所有者に課税される地方税であり、固定資産の維持保存のためには納付が必要であるし、配偶者居住権の有無にかかわらず、特段の見直しがされない限り居住建物の所有者が納税義務者になる。このことから、居住建物の所有者は固定資産税を納付した場合、配偶者居住権を取得した配偶者に対して固定資産税相当額を求償できるといえる[2]。

　そうすると、居住建物が戸建の場合、火災保険は、火災等の保険事故が生じた場合における建物等の維持保存に必要なものといえるから、配偶者居住権の対象となる戸建の保険料もなお「通常の必要費」に該当する可能性が高いものと思われる。

　そこで、戸建の所有者たる居住建物取得者は、固定資産税のほか火災保険の

1）地代および固定資産税を民法595条1項の「通常の必要費」と認定したものとして、最判昭36・1・27（集民48号179頁）。
2）概説改正相続法18頁。

保険料を支払ったうえで、配偶者居住権を取得した配偶者に対して、固定資産税に加えて保険料相当額を求償できると考えられる（なお、敷地の固定資産税については、建物に比して敷地が非常に広い場合等には、負担割合について争点になる余地もあるものと思われる）。

　また、居住建物が分譲マンションの場合、管理費は正にマンションの維持管理に必要な費用といえるところ、管理費に含まれる火災保険料についても、保険事故が生じた場合における建物等の維持保存に必要なものといえる点では戸建の場合と異ならないといえる。

　そのため、管理費は火災保険料相当額も含めて「通常の必要費」に該当する可能性が高いものと解される。

　そこで、区分所有者たる居住建物取得者は、固定資産税のほか火災保険料を含む管理費を支払ったうえで、配偶者居住権を取得した配偶者に対して、固定資産税や管理費を求償できると考えられる。

　以上の点は、改正相続法が施行されて間もないことから、今後の裁判例の集積が待たれるところである。

Ⅱ　相続実務における生命保険の取扱い

1　はじめに

　保険法は保険契約を「損害保険」「生命保険」「傷害疾病定額保険」に大別して規律しているが、実際に販売されている保険商品にはさまざまなバリエーションがあり、今日では、保険給付の方法についても、一定の場面では金銭給付にとどまらず現物給付の方法が考案されるなど、顧客のニーズに応えるべく保険会社による創意工夫によって、多様な保険商品が生まれている。

　本節では、これらのうち相続が生じる場面、すなわち人の死亡を原因として保険給付がなされる生命保険（死亡保険）を中心として、被相続人が保険契約者兼被保険者であって、あらかじめ特定の法定相続人等を死亡保険金受取人に指定する「第三者のためにする生命保険（死亡保険）」（保険法42条）を典型的モデル[1]として取り上げ、相続と保険給付との関係において生じる法律問題について、従来の裁判例を中心に概観する[2]。

2　保険給付の法的性質

(1)　死亡保険金受取人の法的地位

　生命保険（死亡保険）は、被保険者の死亡によって保険金受取人の保険給付

1）本節でモデルとするのは、あらかじめ特定の法定相続人等を死亡保険金受取人に指定する「第三者のためにする生命保険」であるが、死亡給付付きの傷害保険などでは、保険金受取人の指定がない場合、約款等に基づいて被保険者の法定相続人を保険金受取人と取扱うケースもある。

2）直近の裁判例や学説・実務については、遠山優治「保険金受取人を巡る近時の裁判例・学説と実務の状況」生命保険論集208号（2019）87頁を参照。

請求権が具体的に確定する。

　保険金受取人は、被保険者が死亡するまでは「将来、被保険者が死亡した場合に保険給付請求権を確定的に取得する」という条件付き権利またはその期待権を持つだけであり、仮に保険契約者（被保険者）が保険金受取人の変更を行った場合（保険法43条、44条）3）には、受取人変更前の保険金受取人はこの保険契約に関してもはや何らの権利も持たないこととなる。

(2)　保険給付請求権の法的性質

　本節で典型的モデルとして取り扱う「第三者のためにする生命保険（死亡保険）」において、保険金受取人として指定された法定相続人が取得する保険給付請求権は、はたして「相続によって取得する権利」なのであろうか。

　この点のリーディングケースである最三小判昭40・2・2（民集19巻1号1頁）は、「右請求権は、保険契約の効力発生と同時に右相続人の固有財産となり、被保険者（兼保険契約者）の遺産より離脱しているものといわねばならない」として、保険給付請求権は保険金受取人が原始取得する固有財産であると判示している4）。

　保険給付請求権が保険金受取人の原始取得する固有財産と解されることから、保険給付請求権は相続債権者のための引当財産とはならず、相続人たる保険金受取人が相続放棄や限定承認などを行う場合であっても、保険金受取人としての保険給付請求権の行使には何らの影響を与えない5）。

　もっとも、一般的に被保険者（被相続人）が保険料を支払っているケースが多いという実態が見受けられるにもかかわらず、特定の相続人が経済的利益を享受することから、たとえば、相続税法では一定の場合に生命保険金がみなし相続財産として取り扱われる場合があるように、支払われる保険金を被相続人

3）後述するとおり、保険法44条は、遺言によっても保険金受取人の変更ができることおよびその場合の対抗要件を定めている。

4）団体傷害保険のケースで同旨をいうものとして、最二小判昭48・6・29（民集27巻6号737頁）がある。

5）たとえば、神戸地尼崎支判平26・12・16（判時2260号76頁）がある。

の出捐の対価とみて、保険給付請求権の相続財産性を認める余地が全く否定されるわけではない。

　なお、上記判例等の詳細については、後記**第２章Ⅲ**を参照されたい。

3　保険金受取人が複数の場合の取扱い

(1)　問題の所在

　保険金受取人が「法定相続人」と指定された場合であって、かつ、法定相続人が複数存在する場合、保険給付請求権に関する各保険金受取人間の帰属割合が問題となる。

(2)　相続割合説

　最二小判平６・７・18(民集48巻５号1233頁）は、死亡給付付傷害保険において、保険申込書の死亡保険金受取人欄には受取人名の記入がなかったが、同欄に「相続人となる場合は記入不要です」との刷り込みがあり、また、保険証券の死亡保険金受取人欄に「法定相続人」と記載されていたケースで、保険給付請求権の帰属割合が争点となった。

　裁判所は、本件保険契約者兼被保険者は上記注記に従って保険金受取人の記載を省略したものと推認するのが経験則上合理的であり、死亡保険金の受取人を「相続人」と指定したものというべきであるとし、「特段の事情のない限り、右指定には、相続人が保険金を受け取るべき権利の割合を相続分の割合によるとする旨の指定も含まれているものと解するのが相当である。けだし、保険金受取人を単に「相続人」と指定する趣旨は、……右指定には相続人に対してその相続分の割合により保険金を取得させる趣旨も含まれているものと解するのが、保険契約者の通常の意思に合致し、かつ、合理的であると考えられる」として、「特段の事情のない限り、民法427条にいう『別段ノ意思表示』である相続分の割合によって権利を有するという指定があったものと解すべきである」とした。

　上記判旨を踏まえると、仮に、遺言によって法定相続分とは異なる相続分が

指定されている場合にあっては、被相続人の意思が明らかである以上、指定された割合によって帰属が決することになる。

(3)　均等割合説

　最三小判平5・9・7（民集47巻7号4740頁）は、保険金受取人が死亡した後、保険契約者（兼被保険者）が保険金受取人を再指定しないまま死亡した生命保険（死亡保険）のケースであって、保険法施行前商法676条2項（保険法46条に相当する）の解釈が争点となった。

　裁判所は、保険法施行前商法676条2項は「指定受取人の地位の相続による承継を定めるものでも、また、複数の保険金受取人がある場合に各人の取得する保険金請求権の割合を定めるものでもなく、指定受取人の法定相続人という地位に着目して保険金受取人となるべき者を定めるものであって、保険金支払理由の発生により原始的に保険金請求権を取得する複数の保険金受取人の間の権利の割合を決定するのは、民法427条の規定である」として、各保険金受取人の権利の割合は、民法427条の適用により均等割合によると判示した。

(4)　実務の動向

　上記の最高裁判決を踏まえ、保険金受取人（法定相続人）が複数存在する場合の帰属割合は相続割合によるのが実務の一般であり、例外的に保険金受取人死亡後にその再指定がなされないまま保険事故が発生した場合には保険金受取人の相続人間で均等割合とされている。

　なお、上記の裁判例等の詳細については、後記第2章Ⅵを参照されたい。

4　特別受益の持戻しの適用の有無

(1)　保険給付請求権と特別受益の持戻し

　特定の相続人が取得する保険給付請求権が特別受益として持戻しの対象となるかどうかが問題となる。

　実務上の取扱いとも相まってさまざまな裁判例と学説の議論があるが、保険

給付請求権の固有財産性に照らせば、特別受益の持戻しは適用外とする結論が導かれるはずであるが、以下のとおり裁判例はこの判断に一定の留保を認める。

(2)　判　　例

> ### 最二小決平16・10・29民集58巻 7 号1979頁
>
> **最高裁判所の判断**
>
> 「保険金受取人とされた相続人が取得する死亡保険金請求権又はこれを行使して取得した死亡保険金は、民法903条 1 項に規定する遺贈又は贈与に係る財産には当たらないと解するのが相当である。もっとも、上記死亡保険金請求権の取得のための費用である保険料は、被相続人が生前保険者に支払ったものであり、保険契約者である被相続人の死亡により保険金受取人である相続人に死亡保険金請求権が発生することなどにかんがみると、保険金受取人である相続人とその他の共同相続人との間に生ずる不公平が民法903条の趣旨に照らし到底是認することができないほどに著しいものであると評価すべき特段の事情が存する場合には、同条の類推適用により、当該死亡保険金請求権は特別受益に準じて持戻しの対象となると解するのが相当である。上記特段の事情の有無については、保険金の額、この額の遺産の総額に対する比率のほか、同居の有無、被相続人の介護等に対する貢献の度合いなどの保険金受取人である相続人及び他の共同相続人と被相続人との関係、各相続人の生活実態等の諸般の事情を総合考慮して判断すべきである」と判示した。

　すなわち、特定の相続人たる保険金受取人が取得する保険給付請求権は原則として持戻しの対象とならないとしつつも、被保険者（被相続人）が保険料を負担していることに着目し、共同相続人間に生じる不平等が到底是認できないほど著しい場合には、例外的に持戻し規定の類推適用の余地を認める。

(3)　その後の裁判例──持戻し肯定例

　前掲最二小決平16・10・29は、持戻しの適用有無に関して考慮要素とすべき「特段の事情」を示してはいるが、それらの具体的な判断基準が問題となるところである。以下では同決定後の裁判例を概観する。

（i）　東京高裁平成17年10月27日決定

東京高決平17・10・27家月58巻5号94頁

事案の概要

　本件は共同相続人2名の事例で、そのうちの1名が遺産総額（約1億円）にほぼ匹敵する死亡保険金を受領したケースであり、死亡保険金額が持戻しの対象とされた。

（ii）　名古屋高裁平成18年3月27日決定

名古屋高決平18・3・27家月58巻10号66頁

事案の概要

　本件は後妻と先妻の子2名の計3名が共同相続人の事例で、遺産総額（約7千万円）に対して後妻が約5千万円の死亡保険金を受領したケースであり、死亡保険金額が持戻しの対象とされた。

(4)　その後の裁判例——持戻し否定例

大阪家堺支審平18・3・22家月58巻10号84頁

事案の概要

　本件は子4名が共同相続人の事例で、遺産総額（約7千万円）に対して1名の子が約430万円の死亡保険金を受領したケースであり、持戻しを否定した。

(5)　判断基準

　上記に掲げた事例の結論のみを概観すれば、持戻しの可否はおよそ遺産総額と支払われた保険金額の割合やその多寡によってその結論を異にしているようにも見受けられる[6]。

　もちろん、これらの事例においても同居や介護の有無、各当事者間の事情などが詳細に検討されているが、結局のところ共同相続人間の実質的な公平に関わる利益衡量に帰着するといえよう。

6）大西美帆「死亡保険金と特別受益」甘利公人＝福田弥夫＝今井和男＝北村聡子編著『Q&A保険法と家族』（日本加除出版、2010）168頁・170頁。

なお、これらの裁判例の詳細等については、後記第2章Ⅴを参照されたい。

5　遺留分侵害額請求の適用の有無

(1)　問題の所在

　判例は、保険金給付請求権は保険金受取人が原始取得する固有財産と解しているが、すでに触れたとおり、一般的に被保険者（被相続人）が保険料を支払っているケースが多いという実態を踏まえれば、支払われる保険金を被相続人の出損の対価とみて、保険給付請求権の相続財産性を認める余地が全く否定されるわけではない。

　そこで、保険金受取人が取得する保険給付請求権が遺留分侵害額請求の対象となるかどうかが問題となる。

(2)　判　　例

> **最一小判平14・11・5民集56巻8号2069頁**
>
> **最高裁判所の判断**
>
> 　前掲最三小判昭40・2・2を引用し、「死亡保険金請求権は、……保険契約者の払い込んだ保険料と等価の関係に立つものではなく、被保険者の稼働能力に代わる給付でもないのであって、死亡保険金請求権が実質的に保険契約者又は被保険者の財産に属していたものとみることもできない」ことから、「自己を被保険者とする生命保険契約の契約者が死亡保険金の受取人を変更する行為は、民法1031条に規定する遺贈又は贈与に当たるものではなく、これに準ずるものということもできない」として、保険金受取人の変更によって取得した保険給付請求権は遺留分侵害額請求の対象とはならないとした。

　遺留分侵害額請求の対象を幅広く認めるのが判例と解されているが（最三小判平10・3・24民集52巻2号433頁）、保険金受取人の変更についてはこれを認めず、保険給付請求権の固有財産性とも合致した判断といえる。

　なお、遺留分侵害額請求における保険の取扱いの詳細等については、後記第3章を参照されたい。

6　保険金受取人の変更

(1)　保険金受取人の変更

　保険契約者は、被保険者が死亡するまでの間、被保険者の同意があることを前提として、保険会社に対する意思表示によって保険金受取人を変更することができる（保険法43条）。

　保険契約者による保険金受取人の変更の規律（保険法43条1項）は任意規定であり、たとえば約款等において、保険金受取人の変更には保険会社の同意を必要としたり、保険金受取人の変更は一定の範囲の者への変更に制限することなどが可能である。

　なお、保険契約者による保険金受取人変更の意思表示の相手方は、保険会社に対するものに限られる（保険法43条2項）。

(2)　保険給付請求権の譲渡、質権設定

　死亡保険に関する保険給付請求権について、被保険者の同意を得ることを条件として、保険契約者は保険給付請求権の譲渡または保険給付請求権を目的とする質権の設定をすることができる（保険法47条）。

(3)　遺言による保険金受取人の変更

　保険法施行前商法では、遺言による保険金受取人の変更に関する定めがなかったため、そもそも遺言によって保険金受取人変更ができるかどうか争いがみられたが、保険法44条1項はこれを明文で認めた。同項は任意規定と解されることから、約款等によって保険法の規律と異なる定め、たとえば、遺言による保険金受取人変更を制限する定めを設けることも可能である。

　また保険法44条2項は、遺言による保険金受取人の変更の保険会社に対する対抗要件として、遺言の効力発生後に保険契約者の相続人が保険会社に遺言による保険金受取人の変更を通知することを求めており、この規律は強行規定である。

(ⅰ)　形式を満たさない遺言による保険金受取人の変更──保険法施行前商法

　上述のとおり、保険法施行前商法は遺言による保険金受取人の変更に関する定めを欠いていたため、これ自体の可否や遺言書としての形式具備の要否が問題とされていた。この点、東京高判平10・3・25（判タ968号129頁）は「商法675条2項は、保険契約者が、保険金受取人の指定変更権を有する場合において、その権利を行わずに死亡したときは、保険金受取人の権利は確定すると定めている。保険契約者が遺言によってその変更権を行使したときも、その意思表示自体は生前に行われているのであり、死亡までにその権利を行ったものと解するべきである。遺言の性質上、その効力は遺言者の死亡によって生ずることになるが、保険者としては、その通知があるまではその変更を対抗されることはなく（商法677条）、そのことによって特段の不利益を受けることはない」と判示している。また、最一小判昭62・10・29（民集41巻7号1527頁）は、遺言書の形式を具備していない念書による保険金受取人の変更の意思表示について、当該念書によって直ちに保険金受取人変更の効力が生じたものというべきであると判示している。

　以上の裁判例を踏まえると、保険法施行前商法が適用される保険契約においても遺言による保険金受取人の変更は許容されており、遺言書としての形式を具備していない場合であっても柔軟な判断がされていたものと考えられる。

(ⅱ)　形式を満たさない遺言による保険金受取人の変更──保険法施行後

　上記(ⅰ)でみたことは保険法施行前商法の適用を受ける保険契約に当てはまることであるが、保険法の適用を受ける保険契約についてはどうであろうか。

　保険法は「遺言」による保険金受取人変更を許容していることから、様式を具備しない遺言書による保険金受取人変更の効力は認められないことになりそうである。ただし、保険法の適用によって保険法施行前商法下で蓄積された判例の考え方が認められなくなるのかは重要な法律問題といえ、今後の推移を注視する必要がある[7]。

7）北村聡子「様式を満たさない遺言での保険金受取人変更」甘利ほか編著・前掲注6）134頁。

(4) 自筆証書遺言保管制度

今次の改正相続法では自筆証書遺言の従前の全部自筆要件が緩和され、添付目録については自筆を要しないこととされた（民法968条 2 項）。併せて、自筆証書遺言の保管制度が創設された。

自筆証書遺言の保管制度は、手続上、その保管申請を行おうとする高齢者には負担が重い点があるとされている一方で、検認を受ける必要がないというメリットも評価されている。

この制度では、遺言者死亡後に、遺族等の関係者が法務局に対して遺言書の保管の有無の証明書（遺言書保管事実証明書）や、遺言書の画像情報などが記載された証明書（遺言書情報証明書）の交付を請求できることとされている。

これらの制度の利用が促進されることによって、保険実務にも影響が及ぶことが想定される[8]。

7　最高裁平成28年12月19日決定の影響の有無

(1) 問題の所在

最決平28・12・19(民集70巻 8 号2121頁）は、共同相続された普通預金債権、通常貯金債権および定期貯金債権は、相続開始と同時に当然に相続分に応じて分割されることはなく、遺産分割の対象となるとしたものであり、銀行取引実務に大きく影響を及ぼすものである。

もっとも、周知のとおり本決定やその後の最一小判平29・4・6（集民255号129頁）は、普通預貯金債権や定期預貯金債権をその対象とし、その判示の射程は可分債権一般にまで及ぶものではないとされている。

利用者にとっては、預金も生命保険金も金融資産の一つとして近接性があることから、これらの判示の保険給付請求権への影響の有無を検討しておく必要性がある。

---

8 ）浅井弘章「相続法改正と保険・共済の実務への影響」共済と保険2019年 4 月号 4 頁。

(2)　影響の有無

　本稿がモデルとして取り上げてきた、被相続人が保険契約者兼被保険者であって、あらかじめ特定の法定相続人等を死亡保険金受取人に指定する「第三者のためにする生命保険（死亡保険）」の保険給付請求権は、保険金受取人が原始取得する保険金受取人の固有財産であって、相続によって取得するものではない。

　したがって、共同相続された預貯金債権等を対象とする一連の判示は、これらの保険給付請求権には及ばない。

　しかし、例外的ではあるが、被保険者の死亡後に保険金受取人が保険給付請求権を行使せずに死亡した場合には、保険給付請求権は保険金受取人の相続人が相続財産として取得することとなる。

　傷害疾病定額保険における入通院給付請求権を行使しないまま被保険者が死亡した場合にも同様の場合が生じる[9]。

　このような場合、保険会社の約款または実務では、以下の対応となっている。

> ①　相続人の中から保険金受取人代表を選任し、その者がすべての保険金受取人を代理して保険給付請求を行う。
>
> ②　保険金受取人代表の選任が調わない場合には、各相続人はその相続割合に応じた保険給付請求を行う。

　こうした保険給付請求権は「共同相続された可分債権」でもあることから、仮に最高裁の一連の判示が保険給付請求権にも及ぶとすれば、上記②の実務対応は再検討を要する。

　もっとも、前掲最決平28・12・19や最一小判平29・4・6は、普通預貯金債権や定期預貯金債権の法的性質と、これらのたとえば決済手段としての性格など今日的な役割・機能を詳細に検討した結果でもある。

9）村田哲哉「保険金請求権と遺産分割について」生命保険経営86巻1号（2018）72頁・82頁。

　最高裁が摘示したこれらの法的性質や今日的な役割・機能を踏まえると、保険給付請求権とこれらとを同等と評価することは困難であって、一連の最高裁の判示は保険給付請求権には及ばないと解することが妥当であろう。

| Column 02 | 保険金受取人の指定と公序良俗違反 |

1　問題の所在

　保険契約者兼被保険者は、自己が扶養している親族や相続人など一定の関係にある者を保険金受取人として指定するのが一般的といえる。保険法は保険受取人の指定に関して何らの制約も定めていないことから、保険契約者兼被保険者が誰を当該保険契約の保険金受取人とするかは自由に意思決定でき、また、保険金受取人を変更する場合にあっても誰を新たな保険金受取人とするのか自由に意思決定できるのが原則である。

　ところが、現実問題として保険契約者兼被保険者と保険金受取人との関係が保険会社による保険契約の引受判断の考慮要素となる場合があり、さらには、ある一定の場面においては、保険契約締結時の保険金受取人の指定または保険契約締結後の保険金受取人の変更が公序良俗に反することを理由として、その指定または変更が無効とされる場合がある。

　本コラムでは、このように保険金受取人の指定または変更が公序良俗違反として無効と取り扱われる場合を概説する。

2　裁判例──不倫相手を保険金受取人とした場合

　不倫相手を保険金受取人とする保険契約について、東京地判平8・7・30（金判1002号25頁）は、「本件保険契約の受取人を被告（筆者注：不倫相手）としたことは、被告とA（筆者注：保険契約者兼被保険者）との不倫関係の維持継続を目的としていたものであることは明らかである。……右保険契約締結そのものが直ちにその当時の被告の生活を保全するものであったとはいえない……、本件保険金が被告の生活を保全するという役割を果たすものでもない。

　したがって、右のような事実関係のもとでは、本件保険契約中受取人を被告と指定した部分は公序良俗に反し、民法90条により無効とすべきであ」ると判示している。

　また、東京高判平11・9・21（金判1080号30頁）は、「本件保険契約が締結された平成5年3月当時、B（筆者注：保険契約者兼被保険者）と被控訴人（筆者注：不倫相手）とは約2年間愛人関係にあったものである。もっとも、Bは被控訴人に対し金銭的援助をしていたわけではなく、被控訴人を死亡保険金の受取人に指定することが被控訴人の生活の保障を主目的として行われたと認めるに足りる事情はない。……結局、先に認定したBと被控訴人の関係によれば、Bが被控訴人を本件保険契約の死亡保険金の受取人に指定したことは、不倫関係の維持継続を目的としたものであったと認めるほかはない。

　……本件の死亡保険金の受取人の指定は、不倫関係の維持継続を目的とし、不倫関係の対価としてされたものであり、公序良俗に反し無効であるといわざるをえない。」と判示している。

　他方、すでに夫婦関係が実態を失っている夫婦の一方が他者と同居生活を始め、重畳的内縁関係にあった事案において、最決平17・12・9（判例集未登載）は、当該同居生活がただちには違法な不倫関係であるということはできず、したがって、重畳的内縁関係の相手方を保険金受取人とした保険金受取人変更も不法な動機によるものということはできない、と判示したものがある[1]。

3　保険契約の取扱い

　上記裁判例によれば、保険金受取人の指定または変更が保険金受取人の生活保全の目的ではなく、不倫関係の維持継続を目的としてなされたと判断される場合には、当該指定または変更の部分が公序良俗に反し無効と解されることになる[2]。

　この場合、保険契約自体は、保険金受取人の指定がない保険契約として有効に存続することとなる。

1）今井和男「不倫相手への保険金受取人の指定・変更」甘利公人＝福田弥夫＝今井和男＝北村聡子編著『Q&A保険法と家族』（日本加除出版、2010）71頁。
2）同様の利害状況における遺贈や遺留分の取扱いについて、市川加代子「重婚的内縁関係における遺贈と保険金受取人指定」甘利ほか編著・前掲注1）130頁。

Ⅲ　相続実務における損害保険の取扱い

1　はじめに

　相続実務において、損害保険の分野と関連する事案は、主に交通事故等の保険事故における死亡事故といえる。ここでいう死亡事故は、事故によって被害者が即死する場合のほか、事故によって被害者が傷害を負った後、事故以外の原因で死亡した事案を含む。

　死亡事故では、傷害事案と異なり相続に関連するさまざまな問題が生じるものといえる。たとえば、被害者の死亡後に法定相続人を確認したものの、戸籍上の法定相続人の一部が行方不明である場合や、認知症等で意思能力に疑義がある場合、さらには相続人の一部に示談参加の意思がないために委任状提出の協力を得られない場合等、多岐にわたるものといえる。

　そこで、本項では特に相続実務のうち損害保険の分野における法律や判例の位置付けを説明するとともに、分配方法や、典型的な問題点に関する概要を説明する。

2　法律上の位置付け

(1)　想定される事例

　想定される事例はきわめて多岐にわたるものの、典型的なものとしては、自動車事故や日常生活事故のほか、施設内の事故等が考えられる。特に、近時は自動車保険等における弁護士費用特約の利用事例が増加しており、被害者側に早期に弁護士が就任する場合も少なくない。

　まず、自動車事故の典型例としては、弁護士費用特約の付帯のある自動車保険の被保険者である被害者（事案によっては死亡者のほうが過失割合が大きいこ

ともあろうが、説明の便宜上、以下では死亡者を被害者、その相手方を加害者とする）と、加害者との間で自動車事故が発生し、当該事故によって被害者が死亡したことから、被害者の遺族が弁護士費用特約を使用し、代理人弁護士を通じて、加害者側に対して所定の損害賠償を求めていく場合が考えられる。

(2)　弁護士の対応

　被害者側の代理人弁護士としては、弁護士費用特約を利用する場合、被害者側の損害保険会社担当者と弁護士費用について協議するとともに、戸籍関係書類や法定相続人の委任状を取り付けたうえで、加害者側と賠償について交渉していくことになろう。その際、加害者側が損害保険に加入しているときには、損害保険の内容として示談代行サービスの付帯がある限り、加害者側の損害保険会社担当者と交渉することになる。そのため、今後の手続に関する必要書類は比較的容易に確認できるはずであるし、賠償金の回収も示談できた以上は事実上困難を来すことはないものと考えられる。

　他方、加害者側が損害保険に加入していないときは（無保険）、被害者側の代理人弁護士としては、加害者側との交渉はもとより賠償金の回収に難航することも少なからずありうるものと考えられる。

　また、加害者側の立場としては、損害保険に加入している場合、示談代行サービスが付されているときはその損害保険会社に被害者側との交渉を委ねることとなろう。その損害保険会社担当者による交渉が難航した際は、損害保険会社と業務委託契約関係等にある弁護士が加害者の代理人に就任し、被害者の遺族等と交渉することが考えられる。例外的に、加害者側の企業に顧問弁護士が存する場合、加害者側の損害保険会社と協議のうえ、その顧問弁護士が加害者側代理人として就任し、被害者側と協議することもある。

　本書においては、以下、加害者側が損害保険に加入しており、保険金によって賠償金が支払われる場合を念頭に説明していくこととする。

(3)　法律の規定や判例

　死亡事故の場合における相続関係について、法律の規定や判例を整理すると

以下のとおりである。

(i)　被害者自身による損害賠償請求権の取得

　まず、事故による被害者の損害について、被害者自身が損害賠償請求権を取得することとなる（事案によるが、自動車事故の場合は民法709条や自賠法3条の適用が一般的と考えられる）。

　このことは、被害者が即死した場合であっても異ならず、被害者が受傷した瞬間に損害賠償請求権が発生し、その死亡後に相続人に承継されるものと構成される（大判大15・2・16大民集5巻150頁）。

　すなわち、前掲大判大15・2・16は、「他人ニ対シ即死ヲ引起スヘキ傷害ヲ加ヘタル場合ニアリテモ其ノ傷害ハ被害者カ通常生存シ得ヘキ期間ニ獲得シ得ヘカリシ財産上ノ利益享受ノ途ヲ絶止シ損害ヲ生セシムルモノナレハ右傷害ノ瞬時ニ於テ被害者ニ之カ賠償請求権発生シ其ノ相続人ハ該権利ヲ承継スルモノト解スルヲ相当」として、即死の場合であっても逸失利益の損害賠償請求権が相続されることを肯定している。

　この点について現在では争いはないといえ、被害者自身が損害賠償請求権を取得することとなる。

(ii)　当然分割

　次に、被害者自身が取得した損害賠償請求権について、被害者の死亡によって、各相続人が共有することになるといえる（民898条、最判昭30・5・31民集9巻6号793頁）。

　すなわち、前掲最判昭30・5・31は、遺産分割前の遺産の性質について「相続財産の共有（民法898条、旧法1002条）は、民法改正の前後を通じ、民法249条以下に規定する「共有」とその性質を異にするものではないと解すべきである。」としており、被害者自身が取得した損害賠償請求権を各相続人が共有することとなる。

　そのうえで、各相続人が取得した被害者の損害賠償請求権は金銭債権であるところ、可分債権であることから、相続時に各相続人に当然分割される（最判

昭29・4・8民集 8 巻 4 号819頁、前掲最判昭30・5・31）。

　すなわち、前掲最判昭29・4・8は「相続人数人ある場合において、その相続財産中に金銭その他の可分債権あるときは、その債権は法律上当然分割され各共同相続人がその相続分に応じて権利を承継するものと解するを相当とする」としている。

　また、前掲最判昭30・5・31も「相続財産中に金銭その他の可分債権があるときは、その債権は法律上当然分割され、各共同相続人がその相続分に応じて権利を承継するとした新法についての当裁判所の判例（昭和27年（オ）1119号同29年 4 月 8 日第一小法廷判決、集 8 巻819頁）及び旧法についての大審院の同趣旨の判例（大正 9 年12月22日判決、録26輯2062頁）は、いずれもこの解釈を前提とするものというべきである。」としている。

　そのため、死亡事故の場合の損害賠償請求権は、各相続人に当然分割されることとなり、原則として遺産分割の対象にはならないといえる。

(iii)　預貯金に関する最高裁大法廷決定との関係

　なお、近時の最高裁において、金銭債権のうち共同相続された普通預金債権、通常貯金債権および定期貯金債権は、いずれも相続開始と同時に当然に相続分に応じて分割されることはなく遺産分割の対象となるものと判断し（最決平28・12・19民集70巻 8 号2121頁）、従前の判例（最判平16・4・20集民214号13頁）を変更した。

　もっとも、かかる判断は、金銭債権である損害賠償請求権が当然分割されるとの結論を変更するものではないと解される。

　これは、前掲最決平28・12・19が前掲最判平16・4・20を変更すると明示するにとどまり、前掲最判昭29・4・8の変更には言及していないことや、普通預金債権、通常貯金債権や定期貯金の特殊性に着目したものであるほか、当事者の同意を得て預貯金債権を遺産分割の対象とするという運用が実務上広く行われてきていることに鑑み、普通預金債権、通常貯金債権および定期貯金債権について、遺産分割の対象とはしない旨判断したことに基づく。

3　具体的な分配

(1)　例外的な取扱い

　以上のとおり、金銭その他の可分債権は遺産分割の対象とならないのが原則であり、このことは死亡事故に関する損害賠償請求権についても異なるものではない。そのため、死亡事故に関する損害賠償請求権は各相続人に当然分割され、原則として遺産分割の対象にはならないといえる。

　他方、金銭その他の可分債権であっても、共同相続人全員が同意することによって、可分債権を遺産分割の対象にすることは可能と解される。そのため、死亡事故に関する損害賠償請求権についても、共同相続人全員の同意があった場合には、例外的に遺産分割の対象として扱うことができるといえる。

　東京家裁の「遺産分割の進め方」でも、「全相続人が合意すれば『調停と審判』で扱え」るものとして、「不当利得・不法行為債権」を挙げている。これは、主に一部の相続人による使途不明金を想定しているものと解されるが、「不法行為債権」には交通事故等の不法行為に基づく損害賠償請求権も含まれる。

　そのため、東京家裁の運用としても、死亡事故に関する損害賠償請求権を除外するものではないと考えられる。

(2)　実務上の取扱い

　もっとも、あくまで死亡事故に関する損害賠償請求権には、死亡慰謝料額や逸失利益等、合意前の時点では損害額の確定していない項目が複数含まれる。そのため、損害額総額も合意前の時点では確定していないといえる。また、当然分割が原則の不法行為債権について、あえて共同相続人間で遺産分割調停の対象とすることに拒否感を示す相続人もいるものと思われる。

　加害者側の損害保険会社としても、被害者の相続人から不法行為債権を遺産分割の対象とする旨の共同相続人全員の遺産分割協議書が提出されるか否かは関知できないところであり、いたずらに遺産分割協議書の提出を待つことで、

迅速な賠償に支障を来すおそれも否定できない。

　そこで、実際の賠償実務では、当然分割を前提とした手続が行われることが大半と考えられる。

(3)　当然分割の場合の分配

　当然分割の場合、加害者側の損害保険会社としては、簡易迅速な賠償の実現等の見地から、共同相続人間で相続人代表者を指定するよう求めることが通常と考えられる。

　具体的には、共同相続人間で協議したうえで相続人代表者を指定し、相続人代表者から加害者側の損害保険会社に対して相続人代表届を提出するとともに、他の相続人から加害者側の損害保険会社に対しても、各人の同意書または委任状を提出することが考えられる。そのうえで、加害者側の損害保険会社は相続人代表者との間で示談交渉を行うとともに、賠償額につき合意した際も、相続人代表者との間で示談書（または承諾書、免責証書）を取り交わし、相続人代表者の指定口座に所定の賠償金を送金することが考えられる。

　相続人代表届等の書式については、損害保険会社によって異なるものと思われる。実務上は、相続人代表者の届出書と他の相続人の同意書を1枚にした書式や、相続人代表届と同意書・委任状を個別に取り付ける場合がありうるものと考えられる（具体的な取扱いについて、**第4章Ⅱ**を参照）。

(4)　調停等で協議する場合の分配

　他方、例外的に遺産分割調停等で死亡事故の損害賠償請求権について協議する場合は、まず共同相続人全員の間で不法行為債権を遺産分割の対象とする旨の遺産分割協議書を作成するとともに、相続人代表者を定めることが考えられる。

　そのうえで、相続人代表者と加害者側の損害保険会社との間で交渉し、示談書の取交しも行ったうえで、相続人代表者の指定口座に所定の賠償金の入金があった後、相続人間で具体的な配分を行うことが考えられる。具体的な配分については、示談成立の時期が不透明であることから、調停の進行中に具体的な

金額が確定しない場合は、賠償額総額を明示することなく、総額に対する配分の割合を合意するにとどまることとなろう（**第２章**は、損害保険についてこの場合を念頭に置いたものである）。

4　遺産分割における留意点

　前述のとおり、損害保険の賠償実務上、死亡事故ではさまざまな問題が生じるものといえる。このことは、加害者側が損害保険に加入している場合と無保険である場合とで異なるものではないし、必ずしも死亡事故特有のものでもない。

　そこで、以下では相続手続において想定される典型例を若干挙げ、その対応について簡潔に説明する。

(1)　相続人の一部が認知症の場合

　上述のとおり、死亡事故に関する損害賠償請求権は原則として当然分割であるところ、相続人の一部について意思能力に問題がある場合、ただちにその者の示談意思を確認することができない。

　そのため、たとえば相続人全員につき代理人弁護士が就任している場合には、その者につき成年後見制度の利用を検討する必要がある。

　なお、この場合は、共同相続人全員の間で不法行為債権を遺産分割の対象とする旨の遺産分割協議書を作成することは事実上想定し難い。そのため、成年後見人等としては、当然分割を前提として、他の共同相続人とも協議のうえで賠償額総額を確定していくことになろう。

(2)　相続人の一部が行方不明の場合

　次に、相続人の一部が行方不明の場合は、共同相続人間で不法行為債権を遺産分割の対象とする旨合意することは困難であるから、他の相続人としては、自己の法定相続分に応じて個別に加害者側の損害保険会社と示談交渉をしていくことになる。

　なお、加害者側の損害保険会社としては、被害者側への賠償を行うととも
に、自賠責保険に対して所定の自賠責保険金の支払いを求めることとなる。
もっとも、自賠責保険においては相続権者および遺族固有の慰謝料の請求権者
の全員と示談等を締結することが請求・精算の要件となっている。

　そして、ここでいう行方不明とは、被害者の死亡以前から行方不明となって
おり、裁判所によって失踪宣告宣言がなされうる程度のものをいうとされてい
る。そのため、加害者側の損害保険会社としては、できうる限りの方法で、行
方のわからない一部の相続人への連絡を試みることとなる（なお、自賠責保険
の運用上、相続人全員と示談できないことを「一部示談」といい、一部示談の場合
には、加害者側の損害保険会社の本店を通じて損保料率機構・自賠責損害調査セン
ター損害調査部と協議すべきものとされている）。

⑶　相続人の一部が示談参加の意思がないために委任状提出の協力を得られない場合

　また、相続人の一部が示談参加の意思がないために委任状提出の協力を得ら
れない場合も、共同相続人間で不法行為債権を遺産分割の対象とする旨合意す
ることは困難であるから、他の相続人としては、自己の法定相続分に応じて個
別に加害者側の損害保険会社と示談交渉をしていくことになる。

　この場合においても、自賠責保険においては相続権者および遺族固有の慰謝
料の請求権者の全員と示談等を締結することが請求・精算の要件となっている
ため、加害者側の損害保険会社としては、相続人全員と示談できない場合（一
部示談）、本店を通じて損保料率機構・自賠責損害調査センター損害調査部と
協議する必要がある。

第 2 章

遺産分割手続における保険の取扱い

I　段階的遺産分割調停のポイント

1　はじめに

　本章では、遺産分割手続における保険の取扱いについて説明する。

　第1章で述べたとおり、まず生命保険については、保険金請求権は受取人固有の権利であるため原則として遺産分割の対象にはならないものの、例外的に、保険金受取人である相続人とその他の共同相続人との間に生ずる不公平が到底是認することができないほどに著しいものであるという特段の事情が存する場合には、なお遺産分割の対象となりうるといえる。

　また、損害保険についても、死亡事故の場合の損害賠償請求権は可分債権であり各相続人に当然分割されることから、原則として遺産分割の対象にはならないものの、例外的に、共同相続人全員の同意があった場合にはなお遺産分割の対象となりうるといえる。

　そのため、生命保険と損害保険のいずれにおいても、以上の場合には、なお遺産分割調停において相続人間で保険金の受領等につき協議が実施されることになるといえる。

　そこで、まず本項では東京家裁における3点の運用の概要や取組みを説明するとともに、このうち、特徴実務上広く運用がなされているいわゆる段階的進行モデル（段階的遺産分割調停。以下、「段階的進行モデル」という）について説明する。

　そのうえで、次項からは段階的遺産分割調停の進行過程、すなわち❶相続人の範囲、❷遺産の範囲、❸遺産の評価、❹各相続人の取得額（特別受益・寄与分の有無とその評価）、❺遺産分割の方法の各過程における重要点や裁判例、保険の取扱い等について詳細を説明する。

2 東京家裁の運用

東京家庭裁判所家事第5部は、平成10年4月に遺産分割事件を集中して取り扱う専門部として発足したものである（平成14年以降は遺産分割事件の新受事件全件の配てんを受けている）。

東京家裁では、遺産分割調停事件について、円滑な遺産分割事件の実現等の見地から、3点の柱をもとに手続を行っている。

具体的には、家事事件手続法の趣旨を踏まえた公正でわかりやすい手続進行、遺産分割の法的枠組みを踏まえた段階的進行モデル、遺産分割事件の法的枠組みをわかりやすく説明するための各資料の活用である。

これらのうち、まず公正でわかりやすい手続進行は、定型書式を充実させ、手続説明書面を当事者に交付するとともに、各調停期日の開始時および終了時に当事者双方が同席したうえで、調停委員から、手続の説明、期日の進行方針、当該期日で議論した内容、対立点、次回期日までの課題等を説明すること（双方立会手続説明）等を内容とするものである。

次に、段階的進行モデルは本項で扱うものであり、遺産分割事件の進行を以下の5つの段階に分け、この順番で審理を進めるとともに、各段階において当事者の主張、意見を整理して対立点の調整を図り、合理的な合意を形成していくことで、調停の成立または審判による終局解決を目指す運用をいう。

❶ 相続人の範囲
❷ 遺産の範囲
❸ 遺産の評価
❹ 各相続人の取得額（特別受益・寄与分の有無とその評価）
❺ 遺産分割の方法

そして、法的枠組みをわかりやすく説明するための各資料の活用は、当事者の理解促進に寄与するため、当事者説明用補助ツールや主張等整理用ツールを活用し、口頭だけでなく図表を用いて視覚効果を取り入れることを内容とするものである（これらについては、後述の東京家裁の取組みや段階的進行モデルの説

明の中でも具体例を紹介する）。

3　段階的進行モデル

　上述のとおり、段階的進行モデルは遺産分割事件の進行を❶相続人の範囲、❷遺産の範囲、❸遺産の評価、❹各相続人の取得額（特別受益・寄与分の有無とその評価）、❺遺産分割の方法の5つの段階に分け、この順番で審理を進めるものである。

　遺産分割事件は紛争性が高く、当事者間の感情的対立も強い場合がある。そこで、円滑な調停の進行を期すため、この順序に従って段階的に手続を進めることで、特別受益や寄与分等といった感情的対立の大きい争点の議論が先行することを回避できるといえる（ただし、段階的進行モデルは主要な協議事項の順序や達成目標を示すものであり、たとえば❷遺産の範囲が確定しない限り、❸遺産の評価以降は一切協議しない、という硬直的な運用がなされるものではない）。

　以下、運用の経緯や東京家裁の取組みのほか、段階的進行モデルの各段階の内容について説明する。

(1)　運用の経緯

(i)　段階的処理

　平成16年2月、東京家裁は雑誌上において「遺産分割事件処理の実情と課題」を公表し、この中で、同部における事件の進行管理と長期化防止の取組みとして「段階的処理」を挙げた[1]。

　段階的処理とは、申立てから終局までを、それぞれ第1回調停期日前段階、序盤段階（第1回〜第5回期日まで）と終盤段階（第7回〜第9回期日まで）に分けたうえで、それぞれの段階における処理方針を掲げて実施するものである。

　具体的には、申立受理時やその後に申立人の事情聴取を実施し、当事者全員に書面照会を行ったうえで、事前評議を行う。また、第1回期日では争点に関

1）東京家裁編著「遺産分割事件処理の実情と課題」判タ1137号（2004）26頁。

する評議を行い、争点を事前に確認する。さらに、第2回から第5回期日まで
に遺産の範囲を確定し、遺産を評価し、遺産の使用状況等の現況を確認する。
そして、第5回期日までに調停成立しない場合は、第6回期日前に中間評議を
実施し、調停継続か、審判や訴訟での解決を目指すべきかを判断し、それに
沿った対応を行うものである[2]。

(ii)　段階的進行モデル

　その後も、東京家裁では被相続人の高齢化や経済状況の変化等の事情を考慮
して、遺産分割事件処理改善検討委員会等において継続的に検討を行ってき
た[3]。この背景には、遺産分割事件の新受件数が高止まりの傾向にあったこ
とや、それに伴い裁判官1人当たりの担当件数も多数にわたること等があった
ものといえる。

　以上を踏まえ、東京家裁では、概ね平成21年頃には段階的進行モデルの運用
を開始したものといえる[4]。

　そのうえで、かかる東京家裁の運用について、遅くとも平成24年の段階にお
いて、雑誌上でも「段階的進行モデル」の名称が明記された[5]。

　さらに、平成25年1月1日に家事事件手続法が施行されたことから、同法施
行後の同部における段階的進行モデルの運用状況について、雑誌上で詳細な説

2）　東京家裁編著・前掲注1)26～27頁、東京家庭裁判所委員会平成16年6月22日議事録7
　　～8頁。
3）　遺産分割事件処理改善検討委員会について、田中寿生ほか「遺産分割事件の運営(上)」
　　判タ1373号（2012)54頁、東京家庭裁判所委員会平成21年3月3日議事録15頁。
4）　東京家庭裁判所委員会・前掲注3）7頁では、手続案内の冊子のうち手続説明の項目に
　　ついて、「相続人が誰か、分割する遺産の存在とその内容、分割する遺産の評価、遺言書、
　　遺産分割協議書の存否とその内容などについて記載がされている。」とされている。また、
　　大竹寿幸「東京家庭裁判所委員会報告『遺産分割調停と相続法改正 ～東京家庭裁判所にお
　　ける取組～』」NIBEN Frontier416号（2020)52頁でも、同年2月5日実施の東京家庭裁判
　　所委員会の報告の中で、「『段階的進行モデル』は2008～2009年ころから運用が開始された
　　もの」とされている。
5）　田中ほか・前掲注3)54頁。

明がなされている[6]。

そして、令和元年7月1日に改正相続法が施行（令和2年7月10日までに完全施行）されたことから、以後の遺産分割事件に関する実務運用として、雑誌上で、たとえば死後に払い戻された預貯金の取扱い等に関する段階的進行モデルとの関係等が論じられている[7]。

現在、段階的進行モデルは東京家裁だけでなく、大阪家庭裁判所遺産分割係や各地の家庭裁判所の遺産分割調停でも採用が拡大しており、その利便性や実効性について相応の評価がなされているものといえる。

(2)　東京家裁の取組み

また、東京家裁では段階的進行モデルの運用にあたり、以下の取組みも行っている。

(i)　当事者に段階的進行モデルや遺産分割を理解してもらうための取組み

まず、東京家裁では、段階的進行モデルを当事者に理解してもらうため、「遺産分割調停の進め方」という同モデルを記載したチャート図（**図表1**）を事前に当事者に送付している。また、このチャート図をラミネート加工したものを各調停室に備え付け、第1回期日において調停委員から当事者に示すなどしている。

その他、調停室内に「特別受益ツール」等の資料を準備したり、各当事者の待合室内のモニターで遺産分割手続に関する映像を流す等、さまざまな工夫を施している。

(ii)　調停委員会の評議

次に、東京家裁では、充実した期日進行を期すべく、調停委員会（裁判官お

6）小田ほか・判タ1418号5頁。なお、東京家庭裁判所委員会平成27年12月18日議事録も参照。

7）東京家裁・家判号外。

【図表１】遺産分割調停の進め方

遺産分割調停の進め方

東京家庭裁判所家事第5部

① 相続人の範囲

誰が相続人かを確認します。

(注)
戸籍が事実と異なるなど相続人の範囲に問題がある場合には，人事訴訟等の手続きが必要です。

なお，相続人の中に認知症などで判断能力に問題がある方がいる場合には，成年後見等の手続きが必要です。

合意

② 遺産の範囲

原則として，被相続人が亡くなった時点で所有していて，現在も存在するものが，遺産分割の対象となる遺産であり，その範囲を確定します。

(注)
遺言書や遺産分割協議書で分け方が決まっている財産は，遺産分割の対象になりません。誰かが遺産を隠したり，勝手に使ってしまったという場合には，遺産分割以外の手続きが必要になります。

合意

③ 遺産の評価

遺産分割の対象となる遺産のうち，不動産等の評価額を確認します。

合意できない → 鑑定が必要です。
鑑定費用は相続人の方にあらかじめ納めていただきます。

合意

④ 各相続人の取得額

②で確認し，③で評価した遺産について，法定相続分に基づいて各相続人の取得額が決まります。ただし，法律の条件を満たす特別受益や寄与分が認められる場合には，それらを考慮して各相続人の取得額を修正します。

⑤ 遺産の分割方法

④の取得額に基づいて，各相続人に分割します。

遺産の分割方法には，現物分割（その物を分けること），代償分割（物を分けるが，差額を金銭で調整すること），換価分割（売却して金銭を分配すること）などがあります。

合意

調停成立

出典：東京家庭裁判所 HP「相続に関する調停の申立書」より。
https://www.courts.go.jp/tokyo-f/vc-files/tokyo-f/file/isanbunkatu_no_susumekata.pdf

よび 2 名の調停委員で構成され、原則として調停委員のうち 1 名は弁護士が選任される）において定期的に評議を行っている。

　具体的には、調停委員会は必ず第 1 回期日前評議を行い、事案の概要の確認や、予想される進行方針の検討を行っている。

　また、調停委員会は第 3 回期日の事後または第 4 回期日前にも再度評議を実施している。東京家裁では、原則として第 3 回期日までに❷遺産の範囲を確定させることを目標としており、この評議の時点でなお遺産の範囲が未確定の場合には、事案の整理のみならず問題点の確認や方策、今後の進行の目途等について話し合い、全員の認識を共通化することになる。

　そして、調停委員会は第 7 回期日の段階でもさらに評議を実施している。事件係属から約 1 年程度後で入る第 7 回期日の時点では、概ね 6 割程度の遺産分割事件は既済事件となるとされる（東京家裁の平成24～26年における事件動向[8]）。そのため、この評議では、事件の終結に向けた道筋ができているか否か、審判移行の可能性や時期等について検討することとなる。

(iii)　中間合意

　さらに、紛争の蒸し返し防止等の見地から、当事者が❷遺産の範囲や❸遺産の評価等について中間合意に至った場合には、合意内容を期日調書に記載することとしている。

(3)　段階的進行モデル

　以上を踏まえて、段階的進行モデルの具体的内容を順に説明する。

(i)　❶相続人の範囲

　まず相続人の範囲について、遺産分割事件における相続人は共同相続人であり（民907条 2 項）、申立人と相手方に分かれている場合がほとんどといえる（例外的に、相続分の譲受人が当事者として調停手続に参加することもあるが、その

---

8 ）小田ほか・判タ1418号 7 頁。

場合も譲受人は親族であることが多いといえる）。

　一般的に、相続人の範囲が争われることは少ないといえ、事前に申立人から提出された戸籍関係書類等を確認し、第1回期日において当事者から相続人の範囲について聴取りを行ったうえ、争いがなければ、その範囲を前提に、次の段階の協議を進めていくことになる。

　これに対し、戸籍上は法定相続人に該当するものの、当事者において身分関係を争う場合がある（婚姻取消しや無効、離縁取消しや無効等の身分関係の形成・確認に関する事項、推定相続人排除等の相続人の地位の形成に関する事項、失踪宣告等の相続人の死亡に関する事項等）。

　このような場合には、東京家裁は申立人に対して、先にこれらの前提問題を人事訴訟等で解決するように伝え、申立てを取り下げるように促すことが一般である[9]。

　また、相続人の範囲は問題ないものの、相続開始から時間が経過し、再転相続等によって共同相続人が数十人にわたるなど多数に及ぶ場合がある。

　相続人の一部を除外した遺産分割調停は全部無効となるため（昭32・6・21家庭局長回答（家月9巻6号119頁））、円滑な期日進行を期すべく、東京家裁から申立人に対して、相続分の譲渡による当事者の集約を促すことがある。この場合、譲渡人から譲渡証書、印鑑登録証明書のほか、相続分譲渡および脱退届の提出を受けたうえで、排除決定を行うこととなる。

　さらに、相続分の放棄を希望する者がいる場合には、希望者から相続分放棄および脱退届出書や印鑑登録証明書を提出してもらい、排除決定を行うこととなる（相続分の譲渡および放棄を理由とする調停手続からの排除について、家事法258条1項、43条1項）[10]。

　ただし、遺産分割の対象となる不動産に相続を理由とする共同相続登記がなされている場合、相続人は持分移転登記手続の義務を負うため、当事者適格を

9）山越司「遺産分割事件の実務——遺産分割事件の法的枠組みを理解するために⑴相続人の範囲・遺産の範囲・遺産の評価・特別受益」調停時報194号（2016）47頁。

10）山越・前掲注9）47～48頁。

喪失せず、相続分の譲渡や放棄がなされても、なお脱退させずに遺産分割調停を進める必要がある（以上について、後記Ⅱにおいて詳述する）。

　なお、相手方の書面等で相続人の判断能力に問題がある旨の記載がなされたり、あるいは調停期日において同様の指摘があった場合には、調停委員としては、対象者の聴取りを行うなど相続人としての手続行為能力に問題がないかを確認したうえで、必要に応じて成年後見制度の利用を促すこととなる。

(ii)　❷遺産の範囲

　次に遺産の範囲についてであるが、当然のことながら、遺産分割の対象となる遺産の範囲が確定しない以上、適切な遺産分割は期待できないため、早期に遺産の範囲を確定していく必要がある。

　遺産は、①被相続人が相続開始時（死亡時）に所有していたもので、②現在（分割時）も存在する、③未分割の状態の④積極財産をいう。これらの要件に該当するものが原則として遺産分割の対象となるが、前述の例外的な場合に該当するときであれば、生命保険金や損害保険の損害賠償債権についても、なお遺産分割の対象とすることが可能といえる。

　東京家裁では、当事者の理解に資するために、遺産の範囲を示した遺産の範囲のイメージ図（A案）（**図表2**）を用いて説明するとともに、事案や当事者の理解度に応じて、より情報量や説明の多い図（B案）（50頁**図表3**）を用いるなど、さまざまな工夫を行っている。

【図表２】遺産の範囲のイメージ図（A案）

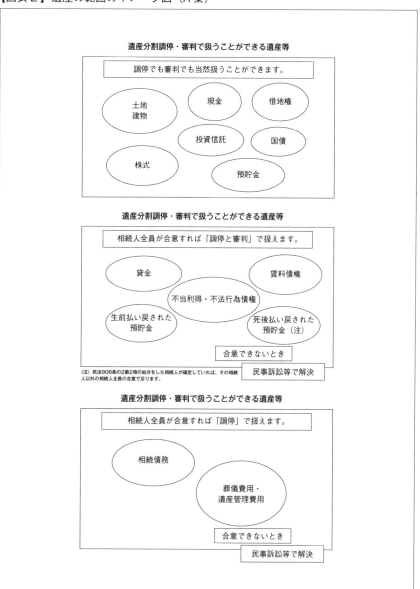

出典：東京家裁・家判号外33〜34頁をもとに作成。

【図表３】遺産の範囲のイメージ図（B案）

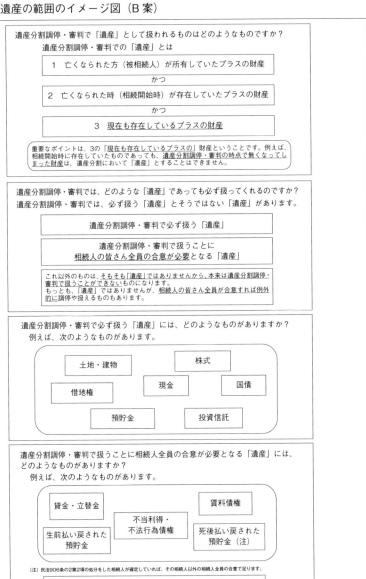

遺産分割調停・審判で「遺産」として扱われるものはどのようなものですか？
　　　遺産分割調停・審判での「遺産」とは

| 1　亡くなられた方（被相続人）が所有していたプラスの財産 |
かつ
| 2　亡くなられた時（相続開始時）が存在していたプラスの財産 |
かつ
| 3　現在も存在しているプラスの財産 |

重要なポイントは、3の「現在も存在しているプラスの」財産ということです。例えば、相続開始時に存在していたものであっても、遺産分割調停・審判の時点で無くなってしまった財産は、遺産分割において「遺産」とすることはできません。

遺産分割調停・審判では、どのような「遺産」であっても必ず扱ってくれるのですか？
遺産分割調停・審判では、必ず扱う「遺産」とそうではない「遺産」があります。

| 遺産分割調停・審判で必ず扱う「遺産」 |

| 遺産分割調停・審判で扱うことに相続人の皆さん全員の合意が必要となる「遺産」 |

これ以外のものは、そもそも「遺産」ではありませんから、本来は遺産分割調停・審判で扱うことができないものになります。
もっとも、「遺産」ではありませんが、相続人の皆さん全員が合意すれば例外的に調停や扱えるものもあります。

遺産分割調停・審判で必ず扱う「遺産」には、どのようなものがありますか？
　　　例えば、次のようなものがあります。

土地・建物　　株式
借地権　　現金　　国債
預貯金　　投資信託

遺産分割調停・審判で扱うことに相続人全員の合意が必要となる「遺産」には、どのようなものがありますか？
　　　例えば、次のようなものがあります。

貸金・立替金　　賃料債権
不当利得・不法行為債権
生前払い戻された預貯金　　死後払い戻された預貯金（注）

(注)　民法906条の2第2項の処分をした相続人が確定していれば、その相続人以外の相続人全員の合意で足ります。

合意ができないときは、民事訴訟で解決することになります。

出典：東京家裁・家判号外35〜36頁をもとに作成。

調停において遺産分割の対象となりうるものは、以下のとおりである。

> ㈠当然に分割対象となるもの
> 　　土地建物、借地権、株式、現金、預貯金（最決平28・12・19民集70巻
> 　8号2121頁）、国債、投資信託等
> ㈡当事者の合意があれば分割対象にできるもの
> 　　貸金、不当利得・不法行為債権（使途不明金等）、相続開始後の利息・
> 　賃料等
> ㈢当事者が調停手続で協議し合意することは可能だが、当事者の合意が
> 　あっても審判手続では分割対象とはならないもの
> 　　相続債務、葬儀費用、遺産管理費用等

　なお、遺産の帰属について争いがある場合（たとえば、相続人が一定の財産につき被相続人の所有ではなく自分の所有と主張するような場合）、遺産であることの確認や所有者であることの確認は、民事訴訟手続において確定されるべきである。

　また、遺産の預貯金の払戻しといった使途不明金の取扱いが実務上も大きく問題となりうるところ、相続法改正によって、被相続人の死亡後遺産の分割前に遺産に属する財産が処分された場合には、共同相続人全員の同意で、その処分された財産を遺産に含めることができることとなった（処分者が共同相続人の1人または数人である場合、その同意は不要である。民906条の2。以上について後記Ⅲにおいて詳述する）。

(iii)　❸遺産の評価

　遺産の範囲が確定した後は、遺産の評価を行うこととなる。

　遺産の評価の基準時は、遺産分割時が原則である。例外として、当事者間で特別受益や寄与分が問題となる場合は、具体的相続分を定めるために遺産分割時のほかに相続開始時の評価額の検討も必要となる（2時点評価）。ただし、鑑定費用との関係等から、当事者の合意によって基準時を1時点のみとすることもある。

　遺産の評価について、主要なものは以下のとおりである（後記Ⅳにおいて詳

述する）。

㋐　不 動 産

不動産については、当事者に必要資料（固定資産評価証明書等）の提出を求めたうえで、当事者間で合意に至るか協議することとなる。固定資産税評価額のほか路線価等も考慮して合意に至る場合が多いといえ、不動産業者の査定書が複数提出される場合には、内容を検討したうえで、内容に大きな差がないときは、その平均値に近い金額で合意に至ることが多いといえる。

当事者間で評価額につき合意に至らない場合、不動産鑑定について合意に至ることができれば、不動産鑑定士を鑑定人に選任し、不動産の鑑定を実施することとなる（家事法64条1項、民訴212条）。

なお、評価や鑑定実施について当事者間で合意に至った場合には、基準時の点も含めて中間合意調書に記載する。また、鑑定費用は法定相続分に応じて各当事者から予納させることとなる。

㋑　預 貯 金

調停成立日の直近の残高を基準とする。

㋒　株　　式

上場株式については調停成立日の直近の終値を基準とする。

非上場株式の場合、当事者間で評価額について協議することとなるが、評価について合意に至らない場合、株価鑑定を実施することとなる。ただし、実際の評価にあたっては対象の法人保有の不動産鑑定も必要となるなど、鑑定費用や鑑定期間で負担が生じるうえ、感情的な対立等から当事者が法人の決算報告書等の提供を拒むことも少なくなく、実際の鑑定の実施は困難を伴うことが少なくないといえる。

ⅳ　❹各相続人の取得額（特別受益・寄与分の有無とその評価）

特別受益・寄与分については、共同相続人間の不公平感や被害感情等を背景に、当事者から特別受益・寄与分の主張がなされることも多い。そのため、東京家裁では、段階的進行モデルに沿って遺産の評価を行った後、調停委員会が双方の主張反論をもとに主張整理を行い、法定相続分の修正要素の有無を協議

検討したうえで、各相続人の具体的な取得額を算定している。

　また、東京家裁では当事者が特別受益・寄与分の内容等を十分に理解し、的確な主張をできるように、説明用補助資料や主張等整理用資料を活用している。

　まず、特別受益の場合は「特別受益ツール」として、基本的な法的枠組を説明した「特別受益とは」や、いかなるものが特別受益に該当するかをQ&A形式で説明した「特別受益Q&A」（たとえば、結婚の際の贈与は、持参金や支度金が高額であれば一般的には特別受益に当たるが、結納金や挙式費用は当たらない、等）、当事者の認否反論のための「特別受益主張整理表」や記入例を用意している。

　同様に、寄与分についても「寄与分ツール」として、基本的な法的枠組や主張時の留意点を説明した「寄与分の主張を検討する皆様へ」や、寄与行為ごとに類型化し（家事従事型、扶養型、金銭等出資型、療養看護型、財産管理型）、要件や必要資料等をまとめた「寄与分主張のポイント」のほか、当事者の認否反論のための「寄与分主張整理表」や記入例を用意している。

　調停委員としては、特別受益や寄与分を主張する当事者がいる場合、十分な聴取りを行ったうえで各ツールの内容を説明するなどしている（特別受益や寄与分については、後記Ⅴにおいても詳述する）。

　なお、調停においては、審判の場合と異なり寄与分に関する主張がなされれば、寄与分を定める処分の調停申立てがなくとも、申立てがあった場合と同様の取扱いを行っている。そのため、東京家裁でも当事者にかかる調停申立てまでは求めていない。

(v)　❺遺産分割の方法

　最後に遺産の分割方法について、調停手続では当事者の自由な処分に委ねられており、当事者が合意することで、柔軟かつ実情に即した分割を行っているといえる（これに対し、審判手続では現物分割、代償分割、換価分割、共有分割の順序で実施するものとされている。最判昭30・5・31民集9巻6号793頁、大阪高決平14・6・5家月54巻11号60頁等）。

　調停委員会は、当事者の意見調整を行ったうえで、最終合意に向けた総合的な調整を行い、審判の見通しも踏まえて具体的な分割案を提示している。

　また、遺産の分割方法に関する当事者への説明にあたっては、口頭説明の補助資料として６枚のスライドから構成された「分割方法説明図」を用意し、事案に応じて適宜活用している。上述のとおり、調停の場合は審判と異なり当事者の合意による柔軟な分割が可能であることから、この点を当事者に理解してもらうために活用されることが多いといえる（遺産分割の方法については、後記Ⅵにおいても詳述する）。

　次項からは、遺産分割手続における保険の取扱いについて、段階的進行モデルの順序に沿って、詳細を検討することとする。

1　はじめに

　前記Ⅰで概観した段階的進行モデルについて、最初に位置付けられるのが、相続人の範囲の確定である。これは、誰が相続人であるかを早期に確認することで、遺産分割調停に参加するプレイヤーを確定し、手続の円滑な進行を図る趣旨であると考えられる。ここで、相続人とは被相続人の相続財産を包括承継することができる一般的資格を持つ者をいう。相続人であるかの確認は通常、戸籍によって判断される。戸籍と事実が異なる等の相続人の範囲に疑義が生じた場合は、人事訴訟等の手続が必要になる。また、相続人の中に認知症等で判断能力に問題がある者がいる場合には成年後見申立て、相続人中に生死不明者・行方不明者がいる場合には不在者財産管理人の選任申立てが必要になる。

　第1章で概略が説明された平成30年相続法改正においては、相続人の範囲の確定について直接変更はなされていないものの、近年創設された制度等を踏まえながら、相続人の範囲の確定について法制度を概説しつつ、遺産分割調停の手続、実務的問題点を述べたい。

2　相続人になりうるもの

(1)　同時存在原則

　相続人は、相続開始時に権利能力を有していることが必要である。

(2)　同時死亡の推定

　同時存在原則によれば、相続権を持つ者同士が死亡した場合、死亡の先後は、相続人の確定において指標となる。もっとも、数人の者が死亡した場合に

おいて、そのうちの１人が他の者の死亡後になお生存していたことが明らかでないときは、この数人は同時に死亡したものと推定される（民32条の２）。同時死亡の推定によって、他の者の死亡時に自分も死亡したことになるのでこれによって相互に相続が発生しない。

(3)　胎児の出生擬制（民886条１項）

　胎児はすでに生まれたものとみなしてその権利能力を擬制する（民３条１項の私権の享有は出生に始まるという原則に対する例外）。胎児が生まれなかった場合は、出生は擬制されない（民886条２項）。かかる趣旨は出生が相続開始の前日である場合と翌日である場合とで法的地位が異なるのは公平ではないからである。

　胎児に権利能力があるかについて、胎児時は権利能力を有するが、死産の場合、相続開始時に遡って権利能力を有しなかった扱いをする解除条件説と胎児時は権利能力を有しないが、生きて生まれた場合、相続開始時に遡って権利能力を有する扱いをする停止条件説等のさまざまな考え方がある。実務では、胎児の出生を待って遺産分割手続を進める扱いが多い。

(4)　法務局における遺言書の保管等に関する法律（遺言書保管法）

　遺言書保管法は、平成30年相続法改正によって創設され、令和２年７月10日施行された。かかる改正の趣旨は、自筆証書遺言は紛失・亡失したり、相続人により遺言書の廃棄、隠匿、改ざんが行われるおそれがあることから、これらを抑制し、もって、相続をめぐる紛争防止する必要が高い点にある。

　そこで、遺言書保管法では、法務局における自筆証書遺言に係る遺言書の保管制度を創設することで遺言書の紛失や隠匿等を防止し、遺言書の存在の把握を容易にした。手数料は保管の申請について3900円となっており、利用しやすくなっている（閲覧・謄写等は別途、費用を要する）。

　遺言書情報証明書の交付請求権について、胎児のためにその母に申請権限を認めている。この点から、遺言書保管法は胎児の権利能力について解除条件説に立っていると考えることができる。

3　相続人の種類および相続順位

(1)　概　　要

　相続人の種類は、配偶者相続人および血族相続人がある。配偶者相続人は常に相続人になるのに対し、血族相続人には順位があり、先順位の類型の者が存在しないときに初めて後順位の類型の者が相続人となる。

(i)　配偶者相続人

　配偶者は常に相続人となる（民890条）。配偶者とは、法律婚の配偶者であり、内縁配偶者を含まない。内縁配偶者は、生前解消の場合、財産分与（民768条）の類推適用で保護されうるのに対し、死別の場合、配偶者相続権も財産分与も類推適用されない（最決平12・3・10民集54巻3号1040頁）。

　また、平成30年相続法改正によって、相続人以外の者が被相続人の療養看護等を行った場合に一定の要件の下、金銭請求を認める特別寄与者が新設された（民1050条）。しかし、かかる規定は相続人以外の被相続人の親族を想定しており、内縁配偶者は主体となっていない。結局のところ、相続人がいない場合、特別縁故者として被相続人の財産の分与を求めうるにすぎない（民958条の3）。

　現代のライフスタイルの多様化により、内縁、事実婚、パートナーシップ契約が増加しているが、相続がなされない以上、当事者間で契約を締結しておいたり、被相続人が遺言を作成しておくことが求められる。

(ii)　血族相続人

　被相続人と一定の血族関係にある者は、その血縁に基づいて相続人となる。先順位の相続人全員が相続開始以前に死亡した場合や、後述する相続欠格（民891条）、廃除（民892条）、相続放棄（民939条）によって相続権が喪失した場合、先順位の者が存在しないことになり、後順位の類型の者が相続人となる。

(ア)　第1順位の相続人

　第1順位の相続人は被相続人の子である（民887条1項）。母子関係は分娩の

事実により、父子関係は嫡出推定または認知により、親子関係が生じる。被相続人の死亡以前に子が死亡したり、欠格や廃除によって子が相続権を喪失して、被相続人に子がいなくなった場合、孫がいるときは後述する代襲相続によって孫が相続人となる（民887条2項・3項）。

　㈠　**第 2 順位の相続人**

　第 2 順位の相続人は直系尊属である（民889条1項1号）。被相続人に子がいない場合に相続権を有する。子に後述する代襲相続が生じず、親等の異なる直系尊属がいる場合は、親等の近い者が相続権を有する（民889条1項1号ただし書）。

　㈡　**第 3 順位の相続人**

　第 3 順位の相続人は兄弟姉妹である（民889条1項2号）。兄弟姉妹は、被相続人に子、直系尊属がいない場合に相続権を有する。兄弟姉妹が被相続人の死亡以前、死亡や相続欠格により相続権を喪失した場合でも、兄弟姉妹に子がいれば、後述する代襲相続によって兄弟姉妹の子が相続人となる（民889条2項）。

⑩　代襲相続

　たまたま親より子が先に死亡した場合、前述した同時存在の原則により、子が親を相続できない結果、親の財産が孫へと承継されなくなってしまう。そこで、相続法は、相続権を失った者の子が生存しており、かつ、直系卑属に当たる場合、相続権を失った者に代わって同一順位で相続人となり、相続分を失った者の相続分を承継する代襲相続の制度を設けた。

　被代襲者（相続権を失ったため自らは相続できない者）は、被相続人の子または兄弟姉妹に限られる（民887条2項・3項、889条2項）。

　代襲原因は、死亡、相続欠格（民891条）、廃除（民892条、893条）により相続権を失った場合である。相続放棄は代襲原因ではない。前述した同時死亡の場合（民32条の2）も、相続開始「以前」（民887条2項本文）に当たるので、代襲相続は生じる。

　被代襲者の子が代襲相続人となり、被代襲者の配偶者は代襲相続人にならない。また、代襲相続人は直系卑属でなければならない（民887条2項ただし書）。

　同時存在の原則の例外として、被代襲者が被相続人の子である場合で、被代襲者の子（被相続人の孫）も代襲相続権を失ったとき（代襲者の死亡・欠格・廃除）は、被代襲者の子にさらなる直系卑属が存在すれば、かかる直系卑属が代襲相続権を有することになる（民887条3項・再代襲相続）。被代襲者が兄弟姉妹の代襲相続の場合、再代襲相続は生じない（民889条2項は887条3項を準用していない）。

(2)　共同相続人における相続人の地位の確認方法

　共同相続人の1人とされる者が相続人であるか否かの争いが生じたとき、相続人としての地位の確認を求める訴えや相続人の地位を有しないことの確認を求める訴えを行う必要がある。この場合、それぞれの訴えは共同相続人の全員を当事者として関与させるべき固有必要的共同訴訟である（最判平16・7・6民集58巻5号1319頁）。

4　相続人たる地位を失う場合

　上記のとおり、相続権が認められる者の範囲を述べたが、かかる者であっても一定の事由がある場合、相続権がはく奪される。被相続人の意思に関係なく法律上の事由によって相続権がはく奪される相続欠格と、一定の事由がある場合、被相続人の意思によって相続権がはく奪される廃除がある。

(1)　欠格（民891条1号〜5号）
(i)　定　　義
　被相続人との身分関係によれば相続権を持つべき者であっても、相続制度を破壊する非行・不正をした者に対しては、民法上、当事者の意思に関係なく、当然に相続資格をはく奪させる。

(ii)　欠格事由
　欠格事由としては、以下が挙げられる。

> ①　故意に被相続人または先順位もしくは同順位の相続人を死亡するに至らせ、または至らせようとしたために刑に処せられた者（民891条1号）
> ②　被相続人の殺害されたことを知って、告発・告訴しなかった者（民891条2号）
> ③　詐欺・強迫によって、相続に関する被相続人の遺言の作成・撤回・取消し・変更を妨げた者（民891条3号）
> ④　詐欺・強迫によって、被相続人に、相続に関する遺言の作成・撤回・取消し・変更させた者（民891条4号）
> ⑤　相続に関する被相続人の遺言書を偽造・変造・破棄・隠匿した者（民891条5号）
> 　ただし、相続に関して不当な利益を目的とするものでないときは、欠格事由に当たらない（最判平9・1・28民集51巻1号184頁）。

(iii)　手　　続

手続としては、欠格には審判手続や公示方法がないので、欠格を主張する相続人は、相続開始後に、相続人の地位不存在確認の訴え等の民事訴訟を提起するほかない。

(iv)　効　　果

欠格事由に該当する者は当然に相続資格を失う（民891条）。欠格事由が相続開始前に発生したときはその時点から、欠格事由が相続開始後に発生したときは相続開始時に遡って相続資格喪失の効果が生じる。

(2)　廃除（民892条、893条）

(i)　定　　義

欠格レベルではないが、被相続人に対する虐待・重大な侮辱、その他著しい非行があった場合、被相続人の意思に基づいて、家庭裁判所がその相続人の相続権をはく奪する制度である。

(ii)　廃除事由

廃除事由は、被相続人に対して虐待や重大な侮辱を加えたこと、②推定相続人にその他の著しい非行があったことが挙げられる（民892条）。相続人と非相続人の間の信頼関係が破壊されたと評価できる場合をいう。

(iii)　手　　続

手続としては、被相続人が生前に家庭裁判所に請求する生前廃除（民892条、家事法188条、別表第一86項、調停をすることができない審判である）、遺言で廃除の意思を表示する遺言廃除によってなされる（民893条）。廃除の請求後、審判確定前に相続が開始した場合や、推定相続人の廃除の遺言があった場合に、家庭裁判所は、管理人の選任などの、遺産管理について必要な処分を命ずることができる（民895条）。

(iv)　効　　果

生前廃除の場合、廃除の審判が確定するか、調停が成立すると、被廃除者はその時から相続権をはく奪され、戸籍に記載される（戸籍97条）。遺言廃除の場合、被相続人の死亡時に遡及して相続権をはく奪される（民893条後段）。欠格と異なり、被廃除者は被相続人から遺贈を受けることができる。

(3)　相続放棄（民915条）

(i)　定　　義

相続放棄とは、自己に対する関係で不確定的に帰属する相続の効果を確定的に消滅させる意思表示のことである。

(ii)　手　　続

家庭裁判所に書面で相続放棄の申述をする（民938条）。その後、受理された場合には、相続放棄申述受理書が発行される。

(ア)　熟慮期間

相続放棄または限定承認は、自己のために相続の開始があったことを知った

時から 3 か月以内にしなければならない（民915条 1 項）。「自己のために相続の
開始があったことを知った時」とは被相続人が死亡して相続が開始された事実
のみならず、自分が相続人となった事実まで知ったことが必要である。

　かかる期間内に相続放棄または限定承認をしなかったときは、単純承認をし
たとみなされる（民921条 2 号）。もっとも、利害関係人または検察官が伸長申
し立てをすれば、期間の延長は可能である（民915条 1 項ただし書）。また、相
続人が相続放棄も承認もしないで熟慮期間内に死亡した場合、その者の相続人
が、第 1 の相続につき相続放棄・承認の選択をする地位も含めて相続する（再
転相続）。この場合、民法915条 1 項の期間は、再転相続人が自己のために相続
の開始があったことを知った時から起算する。

　実務上、相続放棄の申述前に、法定単純承認（民921条）の事由に該当する
ような行為をしないように注意する必要がある。

　(イ)　効　　果

　相続放棄する相続人は、その相続に関しては遡及して相続人にならなかった
ものとされる（民939条）。したがって、代襲相続原因にもならないことから、
代襲相続は生じない。

　そして、相続放棄をした相続人以外の相続人で遺産分割協議をする。相続人
がいない場合は、相続財産管理人を選任する。

(4)　相続分の譲渡

　(i)　定　　義

　相続分の譲渡とは、積極財産相続人が遺産全体の上に持つ包括持分または相
続人の地位を、他の共同相続人または第三者に譲渡すること（民905条参照）で
ある。

　(ii)　手　　続

　相続人間および第三者に対するのとを問わず、有償・無償を問わない。口頭
でも成立する。ただし、遺産分割調停においては、相続分譲渡証明書等書面に
より印鑑証明書を添付したうえで明確に譲渡したことを要求される。

(iii)　通知の必要の有無

相続分の譲渡は、包括持分または相続人の地位を他の共同相続人または第三者に譲渡するものであり、各個別の財産について対抗要件を具備する必要はない。ただし、民法905条2項で取戻権の行使期間が1か月と認められていることからすると、対抗力を持つには相続人の取戻権の行使の機会を失わせることがないように通知する必要があるとの見解が有力である。

(iv)　効　　果

(ア)　譲渡人の当事者適格資格の喪失

譲渡人は、相続人たる地位を失うことから、当事者適格を喪失し（最判平26・2・14民集68巻2号113頁）、今後遺産分割協議に関する手続に関与することはできない。他方、譲受人は相続分を主張し、遺産分割協議に参加することができる。

(イ)　遺産分割調停後の譲渡

遺産分割調停後に相続分の譲渡が行われた場合には、裁判所の排除決定をすることにより対応する（家事法43条1項）。

(ウ)　注　意　点

詳細は後述第3章Ⅱ4(1)のとおりであるが、相続人間で無償譲渡をした場合、民法903条1項にいう「贈与」に当たる（後掲最判平30・10・19）（186〜187頁参照）。

5　相続人の範囲の調査

相続人を調査するには、まず戸籍謄本や除籍謄本を調べる必要がある。被相続人が離婚と婚姻もしくは養子縁組をしている場合、新たな戸籍が作成されていることから、従前の戸籍も遡って確認する必要がある。

(1)　戸籍（除籍）謄本の取得

相続人の範囲を調査するためには、被相続人の出生から死亡に至るまでの戸

籍（除籍）謄本を請求する。特に、兄弟姉妹が相続人になる事案では、両親の出生から死亡に至るまでの戸籍（謄本）まで遡る必要がある。なぜなら、異母兄弟や異父兄弟が存在したり、養子縁組により他に兄弟がいる可能性があるからである。

　また、戸籍謄本の取得時点で、相続人が生存していることが不明であり、代襲相続や数次相続になっている可能性もあることから、相続人の現在の戸籍謄本を取得する必要もある。

(2)　相続人の調査が困難である場合

(ⅰ)　災害等により焼失した場合

　戦災や災害等による焼失、保存期間経過による廃棄により取得できない場合、自治体に謄本を交付できないことについての「告知書」を提供してもらう。

(ⅱ)　相続人の調査が困難である場合

(ア)　不在者財産管理人の選任申立て

　相続人が誰かわからない場合には、不在者財産管理人の選任の申立てを検討する。

　もっとも、裁判所と協議をしながらすすめる必要がある。場合によっては、公示送達をすることで行う必要がある。

(イ)　失踪宣告の要件を充たす場合

　死亡と同じ効力になることから、対象となる相続人と遺産分割協議をする。

(3)　法定相続情報証明制度（平成29年5月29日改正）

　相続時の資料の収集の手続コストの軽減することを目的として、法定相続情報証明制度が新設された。

　相続人は、手続ごとに相続を証明する書類一式を提出しなければならず、煩雑である。そこで、法務局に対し、被相続人の出生から死亡までの連続した戸籍謄本、住民票除票および相続人全員の戸籍謄本と被相続人の氏名・住所・生

年月日・死亡年月日と、各相続人の氏名・住所・生年月日・被相続人との続柄を記載した法定相続情報一覧図（図表１）を提出し、保管を申し立てると、法定相続情報一覧図が法務局で申出日の翌年から起算し５年間保管される。

【図表１】法定相続情報一覧図

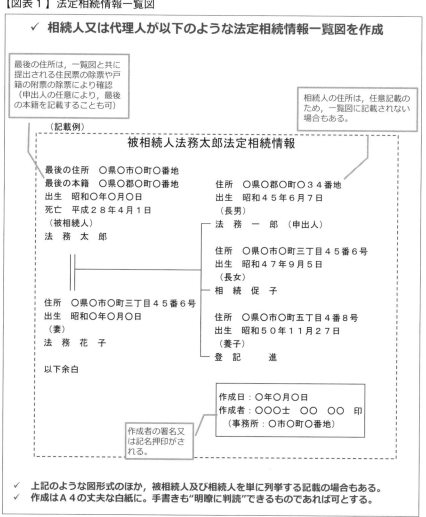

出典：法務省民事局「法定相続情報証明制度について」３頁より。

【図表２】認証文付き法定相続情報一覧図

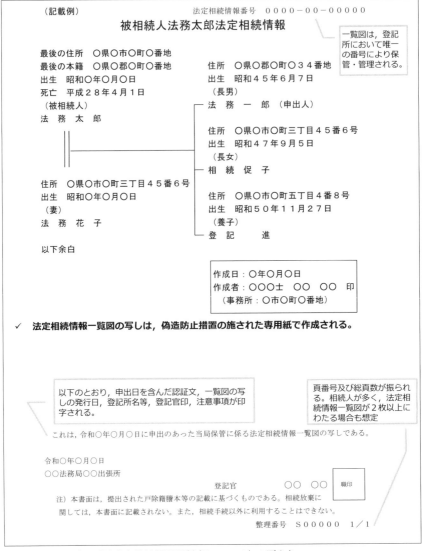

出典：法務省民事局「法定相続情報証明制度について」４頁より。

　その後は、無料で、認証文付き法定相続情報一覧図（**図表２**）が交付されるため、相続手続は、法定相続情報一覧図の写しを利用することで、戸籍謄本、除籍謄本等の書類の束を手続ごとに提出する必要がなくなる。遺産分割調停の申立てや生命保険の請求手続において、活用が期待される。

6　遺産分割調停における当事者の取扱い

(1)　原　　則
　共同相続人等の全員参加が必要である。もっとも、全員が申立人になる必要はなく、申立人以外は、いずれも相手方として扱われる。

(2)　例　　外
(ⅰ)　不出頭当事者がいる場合
　裁判所書記官による照会を経て、以下による方法で対応することが考えられる。

①　家庭裁判所調査官による出頭勧告
②　相続分譲渡による手続からの廃除
③　許可代理人の選任
④　不在者財産管理人の選任
⑤　調停に代わる審判

(ⅱ)　複数当事者の代理人
　双方代理の問題があるものの、調停成立時において、実務的には双方代理の承諾書を各当事者から提出させ、双方代理のまま調停をすすめることがほとんどである。なお、弁護士倫理上、双方代理において、双方とも意向が異なり、相続分の主張について異なる場合には辞任等の適切な措置を講じなければならない（弁護士職務基本規程42条）。

7　段階的進行モデルにおける相続人の地位に関して争いがある場合の解決方法

　段階的進行モデルにおいて、相続人の範囲は段階的進行モデルでは最初の段階である。そのため、戸籍の確認のみですまず、実体的な部分で争う場合には、相続人の範囲を確定させるため、遺産分割調停を申し立てる前に以下の方法で相続人の範囲を確定する必要がある。

①　配偶者について争いがある場合

➡被相続人との婚姻取消しもしくは婚姻無効の訴えにより行う。

②　直系卑属（養子等も含む）の場合

➡親子関係不存在確認訴訟や養子縁組取消訴訟もしくは養子縁組無効確認の訴えにより行う。

③　廃除の場合

➡廃除審判を申し立て、廃除事由を主張する。

④　相続欠格の場合

➡相続人たる地位の不存在確認の訴えにより行う。

Ⅲ 遺産の範囲の確定における保険の取扱い

1 はじめに——段階的進行モデルにおける遺産の範囲の確定の意義

遺産分割調停における段階的進行モデルでは、①相続人の範囲の確定に続いて、②遺産の範囲の確定を行うこととされている。

ここで、遺産分割調停の申立人は、申立て時に、被相続人の出生から死亡までの連続した全戸籍にかかる戸籍謄本および相続人全員の戸籍謄本を添付資料として提出しなければならないこととされている。そのため、多くの事案では相続人の範囲は明確であり、①相続人の範囲の確定の段階で当事者の主張が相違するなどして調停が紛糾し、期日の回数を重ねなければならないような事例は少数であると考えられる。仮に当事者が他の当事者の身分関係を争うなどして相続人の範囲が争点化した場合には、たとえば東京家裁では、申立人に対し、まずこの点を人事訴訟等で解決するように伝え、申立てを取り下げるように促すことが一般であり（前記Ⅰ3⑶）、いずれにしても、①相続人の範囲の確定に時間を要し、②遺産の範囲の確定以降のプロセスが大きく後ろにずれ込むという事態は考えにくいといえる。

このことから、遺産分割事件の適正かつ迅速な解決という段階的進行モデルの目的を達成するうえで、遺産の範囲の確定は、事案によっては最初の山場ともいうべき重要な場面といえる。遺産の範囲の確定は、正に話合いの土俵作りというべきものであり、この点について相続人間においてどれだけ迅速かつ適正に合意を形成できるかが、段階的進行モデル全体、すなわち当該遺産分割事件の解決の迅速さおよび適正さを左右するともいえる。

このような認識の下、東京家裁では、段階的進行モデルの②遺産の範囲は、原則として第3回期日までに確定することを目標としている（もっとも、当事

者に無理を強いるものではないとされている）1）。

2　遺産分割の対象となる遺産の範囲──総論

(1)　相続の対象となる権利・義務（実体上の規律）

遺産分割事件における遺産の範囲の問題を検討するにあたって、まず、相続の対象となる権利・義務に関する実体法上の規律について確認しておきたい。

(i)　包括承継

被相続人が相続開始時に有していた財産的権利義務は、被相続人の一身に専属するものを除き、すべて相続の対象となる（包括承継。民896条）。

「一切の権利義務」（民896条）とは、特定の動産や不動産に関する所有権等の物権や債権・債務はもちろん、より広く、財産法上の法律関係ないし法的地位、たとえば、申込みの意思表示を受けた地位、売主として担保責任を負う地位等も含まれると解されている。

(ii)　相続の対象とならない権利・財産

一方で、被相続人の財産の中には、相続が開始しても相続人に承継されないものがある（帰属上の一身専属権。民896条ただし書）。

明文の規定があるものとしては、代理権（民111条1項）、使用貸借における借主の地位（民597条3項）、組合員の地位（民679条1号）等がある。これらの権利ないし法的地位が相続により承継されない理由は、いずれも相手方との信頼関係等の被相続人の個性に基礎を置く類型の権利ないし法的地位であるからといえる。

また、明文の規定はないが、解釈上、相続の対象とならないことに異論のないものとして、扶養請求権、生活保護法に基づく保護受給権、財産分与請求権等がある。これらの権利も、上記と同様に、権利者たる被相続人個人の具体的

1）小田ほか・判タ1418号10頁。

状況に基づく給付の必要性等に基礎を置く類型の権利であるために、相続の対象にならないといえる。

　なお、これらの請求権ないし受給権も、一定額の給付請求権として具体化した後は、一身専属性が消滅し、通常の金銭債権として相続される。

⑵　遺産分割の対象としての遺産の範囲（遺産分割の実務における規律）

　次に、場面を遺産分割に移し、相続の対象に関する上記の実体法上の規律と、遺産分割の実務における、分割の対象となる遺産の範囲に関する規律との異同をみていく。

⒤　遺産分割の対象となる遺産の要件

　すでに述べたように（前記Ⅰ３⑶⑾）、遺産分割事件において分割対象たる遺産となるのは、❶被相続人が相続開始時（死亡時）に所有し、❷現在（分割時）も存在する、❸未分割の、❹積極財産である。これに該当しないものは、原則として分割対象の遺産とはならないが、一定の要件があれば対象となることはすでに述べたとおりである。

　以下、上記の４つの要件の意義を個別に説明する。

⒤⒤　被相続人が相続開始時（死亡時）に所有すること（❶）

　この要件が意味するのは、被相続人が死亡した時に被相続人の所有財産として存在したものが分割の対象になるということである。

　そのため、たとえば、相続人の１人が相続の開始（被相続人の死亡）が近いであろうことを見越して、被相続人が亡くなる直前に被相続人名義の預貯金を引き出し、これを自己の預貯金口座に入金して保管したような場合、引き出された金銭は当該相続人の所有に移ったと評価せざるをえないから（最判昭39・１・24判時365号26頁参照）、相続開始時に被相続人が所有する財産とはいえず、引き出された金額を遺産に戻すという合意が当該相続人を含めた相続人間でなされない限り、遺産分割の対象とはならない（後述するいわゆる使途不明金問題）。たとえ、この使途不明金の問題が、当該遺産分割事件の相続人らにとっ

ては当該相続紛争の中核ともいうべき重要な問題であったとしても、遺産分割調停は、あくまで分割対象の要件を充たす遺産たる財産を相続人間に分配するため（だけ）の手続であって、訴訟事項に属する紛争（使途不明金問題の場合、不法行為に基づく損害賠償請求または不当利得返還請求となろう）までも併せて解決できるような役割は、制度上予定されていないからである。

(iii)　現在（分割時）も存在すること（❷）

この要件が意味するのは、被相続人が相続開始時（死亡時）に所有していた財産（❶）であっても、遺産分割までの間に遺産から逸出したものは、遺産分割の対象にはならないということである。

たとえば、遺産が相続開始後に滅失し、これを原因として損害保険にかかる保険金請求権が発生した場合がこれに当てはまる。損害保険金は当該遺産に代わる財産（代償財産。後出）であるが、相続財産そのものではないから、原則として遺産分割の対象とはならない（後記３(1)(i)も参照）。

同様に、一部の相続人によって遺産の一部または全部が処分された場合に生じる不法行為に基づく損害賠償請求権ないし不当利得返還請求権や、相続人全員の合意で遺産の一部または全部を売却した場合に発生する売却代金等も、代償財産ではあるが、相続財産そのものではないから、原則として遺産分割の対象とはならない。

遺産の範囲を定める基準時をいつにすべきかについては、いくつかの見解があるが、実務においては、上記のように考える遺産分割時説が採用されている（東京家審昭44・2・24家月21巻8号107頁）。

なお、分割時に現存しない遺産であっても、当事者の合意があれば、遺産分割の対象とすることは可能である（最判昭54・2・22家月32巻1号149頁）[2]。

---

[2]　東京家裁・家判号外14頁。後出のとおり、今般の相続法改正により、この取扱いが民法906条の2第1項として明文化された。

(ⅳ)　未分割であること（❸）

　相続人間ですでに遺産分割協議が有効に成立している場合には、当該遺産は分割が終了して法的な帰属が確定しているから、原則として、改めて遺産分割の対象となることはない。

(ⅴ)　積極財産であること（❹）

　遺産分割は、プラスの財産を分配する手続であり、被相続人の債務は、原則として遺産分割の対象とはならない。被相続人の債務が金銭債務その他の可分債務の場合、相続開始と同時に相続分の割合で当然に分割承継されると解されているので（最判昭34・6・19民集13巻6号757頁）、未分割であること（❸）という要件も欠けることになる。

　ただし、理論的には以上のとおりであっても、相続債務の負担は、積極財産の分配といわば表裏一体の関係にあることから、当事者がこれを遺産分割と並行して議論したいと考えることは心情として自然な面がある。そこで、調停委員会から債務の法的位置付けについて説明したうえで、債務も調停手続で協議の対象とすることがあり3）、協議の結果、相続人間に合意が成立すれば、遺産分割調停の手続を利用して、相続債務の負担についても併せて解決することが可能となる（なお、審判手続においては、たとえ当事者の合意があっても分割の対象とはならない。前記Ⅰ3(3)(ⅱ)(ウ)）。

3　遺産分割の対象となる遺産の範囲——各論

　次に、いくつかの性質の権利ないし財産に具体的に着目して、それらが遺産分割の対象になるか否かという観点から考察したい。その中で、保険に関連する問題が取り扱われた相続法の裁判例も適宜紹介する。

3）小田ほか・判タ1418号12頁。

(1)　預 貯 金

(i)　従前の実務の取扱い

被相続人名義の預貯金債権について、従前、実務においては、金銭債権その他の「可分債権」は相続開始と同時に相続分に応じて当然に各相続人に分割承継されるとする判例（最判昭29・4・8民集8巻4号819頁（以下、「昭和29年判決」という））に基づき、金融機関に対する金銭債権である預貯金も、相続開始と同時に当然に各相続人に分割承継され、原則として遺産分割の対象とはならず、相続人間の合意があって初めて遺産分割の対象とすることができるとされていた（いわゆる合意説）。

(ii)　問 題 点

しかし、このような取扱いについては、たとえば、ある共同相続人に特別受益が認められるにもかかわらず、当該相続人がさらに預貯金も（相続分に応じて）取得することを企図し、預貯金を遺産分割の対象に含めることに同意しないがために、遺産分割調停で預貯金を分割対象に含めて相続人間の実質的公平を図ることができず、審判せざるをえない事例も少なからず存在したとされる[4]。

また、そのような場合でなくても、金融機関を債務者とする預貯金債権は換価が確実かつ容易である点に特徴があり、その意味で現金に近い性質を有するといえるから、遺産分割の際に共同相続人間の細かな利益調整に用いることができるという性質があり（下記最高裁平成28年決定参照）、各相続人に当然に分割承継させずに、その他の財産と併せて全体として遺産分割の対象とする必要性が高いことも多い。たとえば、ある相続人（たとえば遺産である家屋に居住する必要性が特に認められる者）に当該不動産を取得させる代わりに、預貯金は他の相続人が取得する、といった形の分割ができないと不便なこともある。

4）片岡＝菅野・遺産分割・遺留分の実務143頁。

(ⅲ)　判例変更

　以上の問題状況において、最高裁は、預貯金債権が相続開始によって当然に各相続人に分割承継され、原則として遺産分割の対象とはならないとしてきた判例を明示的に変更し、預貯金債権は相続が開始しても各相続人に分割承継されず、遺産分割までの間、共同相続人の共有（準共有）となり、相続人の合意の有無にかかわらず遺産分割の対象となる旨を判示するに至った（最決平28・12・19民集70巻 8 号2121頁（以下、「平成28年決定」という））。

　なお、本決定は、預貯金債権が昭和29年判決にいう「可分債権」に当たることを前提に、これが例外的に他の金銭債権その他の「可分債権」とは異なり、相続開始によっても各相続人に当然に分割承継されることはないと解しているのではなく、「可分債権」に関する昭和29年判決の判例理論は維持したうえで、預貯金債権が、その権利の内容および性質に照らし、そもそも昭和29年判決にいう「可分債権」に当たらないから、相続が開始しても当然に分割されることはなく、相続人全員の合意の有無にかかわらず遺産分割の対象となる旨を判示したものと解されている[5]。

(ⅳ)　本決定の実務への影響[6]
(ｱ)　金融実務

　本決定を受け、金融機関は、たとえ共同相続人の一部の者から預金返還請求の訴訟提起があったとしても、法定相続分の一部払戻請求に応じる法的義務はなくなった。したがって、金融機関が遺産である預貯金の払戻しに応じる場合としては、遺言、相続人全員の合意、遺産分割協議による合意、家庭裁判所の調停・審判が存するときのいずれかになると考えられる。

(ｲ)　家裁実務（遺産分割調停または審判）
(a)　遺産が預貯金のみの事件への対応

　遺産が預貯金のみの場合でも遺産分割調停事件を受け付けていた場合は、事

---

5 ）最判解説民平成28年度542頁。
6 ）片岡＝菅野・遺産分割・遺留分の実務148〜149頁。

件の処理方法に変更はないが、遺産に関する紛争調整調停事件として立件していた庁においては、遺産分割事件への申立ての趣旨の変更（家事法50条）または遺産分割調停事件としての再申立てを促すことになると考えられる。

(b)　調停または審判係属中の事件への対応

当事者間に合意がないことを理由に預貯金を遺産分割の対象から除外した事案においては、実務では、本決定を受け、当該預貯金を遺産の範囲に含めるかを再確認している。そのうえで、当事者がなお預貯金を遺産分割の対象に含めない意思を示した場合には、その旨を明確にするため、預貯金を遺産分割の対象としない旨の中間合意調書を作成するなどの対応をすることになる（この場合、本決定により、当該預貯金は未分割の遺産のまま存続することになる）。

(c)　預貯金を遺産分割の対象に含めずに審判の審理を終結した審判前の事件
　　への対応

本決定を受け、預貯金を遺産の範囲に含めることとして審判を再開し、審理をやり直すかどうかを当事者の意思を確認して検討することになると考えられる。

(d)　預貯金を遺産分割の対象に含めずに終了した調停または審判への対応

本決定は、すでに確定している遺産分割審判や預貯金払戻請求訴訟の判決に何らかの影響を与えるものではなく、すでに成立している遺産分割協議ないし調停についても、たとえこれらが本決定と異なる解釈を前提とする内容であったとしても、その協議や調停の効力が当然に錯誤等により影響を受けるものではないと考えられる[7]。

ただし、帰属が未確定の預貯金債権が残存している場合には、これについては遺産として準共有の状態にあると解されるから、別途遺産分割を行う必要があると考えられる。

---

7 ）最判解説民平成28年度553頁。

⑵　金銭債権その他の可分債権（預貯金を除く）

⒤　原則として遺産分割の対象とならない

　預貯金債権を除く金銭債権その他の可分債権は、相続開始と同時に当然に相続分に応じて各相続人に分割承継されるとするのが判例理論である（昭和29年判決）。

　そのため、預貯金債権を除く金銭債権その他の可分債権は、遺産分割の対象となるための４要件のうち、未分割の財産であること（上記２⑵ⅳ）という要件を充たさず、相続人全員の合意がない限り、遺産分割の対象とはならない。

ⅱ　保険金請求権

　保険金請求権も、金銭債権かつ可分債権であり、それが相続財産を構成する場合には、相続開始と同時に各相続人に当然に分割承継され、原則として遺産分割の対象とはならない。

ⅲ　保険に関する裁判例

　ここで、保険金請求権が通常の金銭債権（可分債権）と異ならないとの理解を前提としていると解される保険に関する裁判例を紹介する。

⑺　保険金受取人が複数の場合の生命保険金の請求方法

| 東京地判昭61・４・22判時1227号136頁 |

事案の概要

　訴外Ａは、昭和54年４月、被保険者をＡ、保険金受取人をＡの法定相続人とし、保険金額を死亡の場合に1000万円とする保険契約をＹとの間で締結していたところ、昭和58年９月に死亡した。Ａの法定相続人は、いずれもＡの子であるＸ、Ｂ、Ｃの３名であった。

　本件保険契約の普通保険約款には、「一保険契約につき保険契約者または保険金受取人が二人以上あるときは、各代表者一人を定めてください。この場合、その代表者は、それぞれ他の保険契約者または保険金受取人を代理するものとします。」と規定されていた。ところが、法定相続人の一人であるＸは、代表者を定めることについて他の共同相続人の協力を得ることができなかったため、単独で、Ｙに対し、死亡保険金1000万円のうちの自己の法定相続分相当額333万3333円およびこれに対する遅延損害金の支払いを求めた。

　Ｙは、Ｘは約款に従った請求の手続をしない以上、Ｙとしては支払いを拒まざるをえないと主張した。

　裁判所の判断

　一部認容、一部棄却。

① 「本件のように、法定相続人を保険金受取人とする保険契約においては、相続人たるべき者は、保険契約の効力発生と同時に、被保険者の死亡を条件とする固有の保険金請求権を取得するのであり、相続人たる保険金受取人が複数ある場合においても共同してその権利を行使しなければならないものではなく、保険金受取人は、自己が正当な保険金受取人であること及び保険金受取人が複数ある場合にはその権利の割合ないし数額を証明して、個々に保険金を請求できるものと解すべきである。」

② 死亡保険金の請求について、複数の保険金受取人がある場合にその代表者を定めるべき旨を定めた保険約款の規定は、「保険金の請求、支払手続の簡明さと迅速性を確保し、保険会社と複数の保険金受取人間において保険金の請求、支払いに関する紛争や二重払いの危険が生ずるのを回避するための便宜から定められたものに過ぎず、個々に自己の保険金請求権の存在を証明した保険金受取人に対しては、保険会社はその支払いを拒むことはできないというべきである。」

　検　討

1 　本判決は、保険金受取人が複数である場合にはその受取人の代表者 1 人のみが保険金の支払いを請求することができる旨の規定が約款に設けられている場合でも、保険金受取人が被保険者の法定相続人と指定されているときには、その法定相続人は、個々に保険金を請求することができるとし、その理由として、被保険者の法定相続人を保険金受取人とする保険契約においては、相続人たるべき者は固有の保険金請求権を取得すると考えられることを挙げている（裁判所の判断①）。

2 　保険金請求権の固有権性については、判例（後掲最判昭40・2・2民集19巻 1 号 1 頁）・通説ともにこれを肯定している。その理由としては、受取人の有する保険金請求権そのものは、一旦契約者に帰属した権利を契約者から譲り受けて承継的に取得するのではなく、いわゆる他人のためにする保険契約により受取人が直接的に取得するものであるとする説などが主張されている[8]。

（イ）　**保険金請求権の差押え**

| 最判昭45・2・27集民98号313頁 |

事案の概要

　訴外Ａは、Ｙ保険会社との間で、昭和38年12月および昭和40年10月、保険金を150万円および200万円、いずれも被保険者をＡ、保険金受取人をＸとする２つの生命保険契約を締結した。その後、Ａが死亡し、Ｘが、上記各保険契約に基づくＹに対する死亡保険金請求権を取得した。

　訴外Ｂ県税事務所は、Ｘに対する昭和37年度以降の個人事業税の滞納金を徴収するため、上記保険金150万円を差し押さえた。また、訴外Ｃ税務署は、Ｘに対する昭和39年度の申告所得税の滞納金を徴収するため、上記保険金200万円を差し押さえた。Ｙは、ＢおよびＣに対し、各保険金を支払った。

　その後、Ｘは、Ｙに対し、上記死亡保険金計350万円の支払いを求める訴えを提起した。Ｙが、死亡保険金請求権に対する租税滞納処分としての債権差押えに基づきＢ及びＣに死亡保険金計350万円を全額支払ったことを理由とする弁済の抗弁を提出したのに対し、Ｘは、保険金請求権は租税債務のために差押えを受けるべき性質のものではなく、保険金受取人のみに支払われるべきものであるから、ＹによるＢおよびＣに対する保険金支払いは無効であるとして争った。

　一、二審とも請求を棄却したため、Ｘが上告。

最高裁判所の判断

　上告棄却

　「保険事故が発生してすでに具体化している生命保険契約にもとづく保険金受取人の保険金請求権は、通常の金銭債権として、国税または地方税に関する滞納処分による差押の対象となりうるものと解するのが相当である。」

検討

①　本件における保険金受取人であるＸは、自らの有する保険金請求権が一身専属的な権利であって、差押えの対象とならない性質のものであると主張して争った。これに対して、本判決は、保険事故の発生によりすでに具体化した生命保険契約に基づく保険金請求権は、通常の金銭債権と同様に滞納処分による差押えの対象となるとして、Ｘの主張するような制約を認めなかった。

8）石田清彦〔判批〕ジュリ973号（1991）119頁。

② 　本判決は、滞納処分による差押えについて判断したものであるが、その射程は、滞納処分と同種の手続である民事執行法に基づく債権差押えにも及ぶと考えられる[9]。

③ 　本判決は、保険事故発生により具体化した保険金請求権について判示したものであり、保険事故が発生する前の、いわゆる抽象的保険金請求権については当然にその射程が及ぶものではない。この点について、むやみに解釈によって生命保険契約に基づく保険金請求権を差押禁止とすることは相当でない等の観点から、多くの学説は、保険事故発生により具体化しているか否かを問わず、保険金請求権の差押えを肯定している[10]。

④ 　預貯金債権の相続開始による当然分割を否定した平成28年決定は、従来、昭和29年判決にいう「可分債権」として取り扱われてきた財産権のうち、預貯金を除くもの（損害賠償請求権、賃料請求権、報酬請求権等の預貯金以外の金銭債権）については何ら判断していないと解される。すなわち、平成28年決定は、「可分債権」は相続開始と同時に当然に分割される旨を判示した昭和29年判決を変更したものではない。したがって、「可分債権」一般については、相続開始と同時に当然分割とする判例は維持されており[11]、保険金請求権も、相続財産を構成している場合には、「可分債権」として相続開始と同時に当然分割されると解される。

(3)　生命保険金

(i)　意　　義

　生命保険とは、保険者が、保険契約者または第三者の生死を保険事故とし、一定の保険金額を支払うことを約し、保険契約者がこれに対し保険料を支払うことを約する保険である。

　生命保険は、保険事故の種類により、死亡保険、生存保険および混合保険に

9）　松井秀征「3生命保険契約5終了」『保険法判例百選』別冊ジュリ202号（2010）191頁。
10）　松井・前掲注9）191頁。
11）　片岡＝菅野・遺産分割・遺留分の実務156頁。

分かれる。混合保険とは、死亡保険と生存保険を結合したものであり、養老保険ともいわれる（後出）。

(ii)　問 題 点

被相続人の死亡を保険事故とする生命保険金請求権が相続財産を構成するかが問題となる。

(iii)　判例理論——保険金請求権は相続財産を構成しない

最判昭40・2・2民集19巻1号1頁

事案の概要

　訴外Aは、昭和30年12月、Y保険会社との間で、被保険者をAとし、保険金受取人を保険期間満了の場合は被保険者、被保険者死亡の場合は相続人とする養老保険契約を締結した。Aの法定相続人は、姉B及び弟Cのみであり、Aは、昭和35年2月、公正証書により、自己の所有財産の全部を包括名義をもってXに遺贈する旨の遺言をし、その後死亡した。

　Xは、上記「相続人」との指定は、包括受遺者たるXを指すものであること（民990条参照）、本件保険金請求権はAの相続財産を構成するから、A死亡の場合は、包括受遺者たるXに帰属するものであること等を主張して、Yに対して保険金の支払いを請求した。

　一、二審とも請求を棄却したため、X上告。

最高裁判所の判断

　上告棄却。

①　「本件養老保険契約において保険金受取人を単に『被保険者またはその死亡の場合はその相続人』と約定し、被保険者死亡の場合の受取人を特定人の氏名を挙げることなく抽象的に指定している場合でも、保険契約者の意思を合理的に推測して、保険事故発生の時において被指定者を特定し得る以上、右の如き指定も有効」である。

②　「特段の事情のないかぎり、右指定は、被保険者死亡の時における、すなわち保険金請求権発生当時の相続人たるべき者個人を受取人として特に指定したいわゆる他人のための保険契約と解するのが相当であ」る。

③　「右の如く保険金受取人としてその請求権発生当時の相続人たるべき者個人を特に指定した場合には、右請求権は、保険契約の効力発生と同時に右相続人の固有財産となり、被保険者（兼保険契約者）の遺産より離脱しているも

> のといわねばならない。」

検　討

1　一般に、生命保険契約において、保険契約者が別に他人を保険金受取人として指定しない場合には、保険契約者自身を受取人とする契約と解されるが（自己のためにする保険契約）、第三者が保険金受取人として指定された場合（他人のためにする保険契約）には、その受取人は、保険契約者の権利を承継取得するのではなく、当初から自己固有の権利として保険金請求権を取得する。この場合、受取人として指定された者がたまたま保険契約者の相続人であっても、保険金受取人は、保険契約者の権利を相続により取得するのではなく、原始的に取得するのであるから、保険金請求権は相続財産を構成することなく受取人の固有財産に属する、というのが本判決以前からの定説であった[12]。本判決は、この定説の立場に依拠している。

2　そのうえで、本判決は、①保険契約者兼被保険者が保険金受取人として抽象的に「相続人」と指定した場合でも、かかる指定は有効であること、②そこでいう「相続人」とは、保険事故発生時の相続人たるべき者個人を指す、ということを明確にした。

3　保険金受取人が相続人ではなく、被保険者と指定されている場合には、保険金請求権は相続財産に入るとするのが通説である[13]。

(iv)　相続人が複数いる場合の保険金の受取割合

判例は、保険契約において、保険契約者が死亡保険金の受取人を被保険者の「相続人」と指定した場合について、「特段の事情のない限り、右指定には、相続人が保険金を受け取るべき権利の割合を相続分の割合によるとする旨の指定も含まれているものと解するのが相当である」と判示しており（最判平6・

12）洲崎博史〔判批〕『商法（保険・海商）判例百選〔第2版〕』別冊ジュリ121号（1993）76頁。

13）石田・前掲注8）120頁。

7・18判時1511号138頁）、保険金受取人たる各相続人は、自己の相続分に応じた割合で保険金請求権を取得する。

(ⅴ)　相続欠格、廃除、相続放棄等があった場合

(ア)　「相続人」とは誰のことか

保険金受取人を「相続人」と抽象的に指定することが可能となることにより、保険事故発生時において相続人である者を保険金受取人と定めることができ、保険事故発生時までに被保険者の相続人となるべき者に変動が生ずる場合にも、保険金受取人の変更手続をする必要がない等のメリットがある（前掲最判平6・7・18）。一方で、抽象的な指定方法であるがゆえに、ある者が保険金受取人たるべき「相続人」に該当するかどうかについて相続開始後に争いが生じうる。たとえば、推定相続人が相続欠格（民891条）に該当することが判明した場合や、相続人からの廃除（民892条以下）、相続放棄（民938条）があった場合である。

(イ)　基本となる考え方

欠格事由（民891条各号）に該当する者および廃除された者は、相続開始時、すなわち保険事故発生時においては相続人ではない（民891条柱書参照）。また、相続放棄をした者は、遡及的に初めから相続人ではなかったものとみなされる（民939条）。これらの相続法の規律に従えば、いずれの場合も、保険金受取人として指定された「相続人」には当たらず、保険金請求権を取得しないと考えるのが素直な帰結といえそうである。

(ウ)　異なる考え方

一方で、「相続人」という保険金受取人の指定の方法は、たしかに相続法の概念を借用してはいるが、保険金受取人による保険金請求権の取得自体は、相続制度による承継取得ではなく、保険契約の効果に基づく相続人の固有財産としての原始的な取得である（前掲最判昭40・2・2）。この点を重視し、保険金受取人として指定された「相続人」の解釈にあたっては、相続欠格および廃除

の事実は考慮する必要がないと主張する見解がある[14]。

㈇　保険契約者の意思解釈の重要性

　理論的には以上のとおりであるが、保険金請求権は保険規約に基づくものである以上、「相続人」との指定の解釈は、まずはそのような指定をした保険契約者の意思を探求することにより行われるべきであり、上記のような理論的な解釈は二次的な方法と位置付けられるべきものと解される。

(4)　死亡退職金

(i)　死亡退職金は相続財産に含まれるか

　死亡退職金の法的性質については、賃金の後払いや遺族の生活保障等が指摘されているが、前者の性質に着目すれば相続財産性を肯定する方向に、後者の性質に着目すれば相続財産性を否定する方向に向かいやすくなるといえる[15]。

　もっとも、死亡退職金の法的性質や相続財産に含まれるかどうかは、私的自治の範疇の問題であって、もとより一律に決しうるものではなく、事案ごとに個別具体的に決すべきものといえる。

(ii)　実務の取扱い

　死亡退職金に関する支給規定があるかどうかで場合分けをし、①規定がある場合には、支給基準、受給権者の範囲ないし順位等の規定に着目して相続財産性を検討し、②規定がない場合には、従来の支給慣行や支給の経緯等を勘案して個別的に相続財産性を検討している。したがって、最初に退職金支給規定等の確認が必要である[16]。

(iii)　相続財産性の検討方法

　判例は、個々の事案において死亡退職金支給の根拠となる法令や規程につい

14）山下孝之〔判批〕『生命保険判例百選〔増補版〕』別冊ジュリ97号（1988)27頁。

15）片岡＝菅野・遺産分割・遺留分の実務174頁。

16）片岡＝菅野・遺産分割・遺留分の実務175頁。

て、それが「死亡退職金の受給権者の範囲及び順位につき民法の規定する相続人の範囲及び順位決定の原則と著しく異なった定め方をしているか」を検討し、これが肯定される場合には、当該根拠規定は「専ら死亡した者の収入に依拠していた遺族の生活保障を目的とし、民法とは別の立場で受給権者を定めたもの」であると認め、「受給権者たる遺族は、相続人としてではなく当該根拠規定の定めにより直接自己固有の権利として死亡退職金を取得する」と結論付ける論理構成をとっている（地方公務員である県立学校職員につき最判昭58・10・14判時1124号186頁、私立大学の教員につき最判昭60・1・31家月37巻8号39頁、特殊法人の職員につき最判昭55・11・27民集34巻6号815頁）。

(ⅳ)　死亡退職金・弔慰金と保険に関する裁判例

(ア)　団体定期保険契約と遺族への保険金支払い

> 広島高判平10・12・14労判758号50頁

前提知識 17)

① 　団体定期保険とは

　団体定期保険とは、団体選択が可能な団体の所属員等のうち、一定の資格を有する者を被保険者とし、団体または被保険者団体の代表者を保険契約者とする保険期間1年の死亡保険をいう。

　団体定期保険には、営業上「Aグループ保険」と呼ばれているものと、「Bグループ保険」と呼ばれているものがある。

　Aグループ保険は、被保険団体が全員加入団体のもの、すなわち、加入資格を有する者全部を強制的に加入させるものであり、保険契約者である雇主企業が保険料を負担して、自ら保険金受取人となる。Bグループ保険は、被保険団体が任意加入団体のもの、すなわち、任意加入によるものであり、保険料の全部または一部を従業員が負担し、保険金受取人は従業員（その遺族）とされることが想定されている。

② 　団体定期保険の意義

　団体定期保険は、単一の契約をもって、多数の団体所属員に保険保護を及ぼすものであるため、大量管理による経費の節減が可能となり、一般に低料率でのサービスが可能となっている。このような特徴を有する団体定期保険は、従

---

17)　最判解説民平成18年度508～512頁。

業員死亡時の遺族補償を低廉なコストで提供するという企業のニーズに応えるものとして普及した。

③　団体定期保険は、いわゆる他人の生命の保険であるところ、他人の生命の保険は、その有用性に異論がいない一方で、犯罪誘発の可能性、賭博保険の危険性、人格権侵害の危険性等を有することから、これらの弊害を防止するための方策として、旧商法は、被保険者の同意を効力要件とするという規制を採用した（同意主義。旧商法674条）。裁判例には、被保険者の同意を得ていない団体定期保険契約について、その反公序良俗性ゆえに保険契約全体を無効とし、結論として被保険者遺族の保険金引渡請求も棄却したものがある（静岡地浜松支判平９・３・24労判713号39頁）。

④　団体定期保険に関しては、本件のように、元従業員の遺族から企業に対して、団体定期保険の保険金として企業が受領した金員の引渡しを求める訴訟が提起されるようになり、社会問題化した。特に問題として指摘されたのは、本来の趣旨である福利厚生としての保険であれば到底必要のない数千万円もの保険がかけられ、しかも、被保険者である従業員や遺族にはそのような事実は知らされもせず、福利厚生という名目とは裏腹に、実際には全く遺族に支払われないか、支払われてもごくわずかな金額にすぎず、保険金の大半は企業が利得している、といった点である。

⑤　なお、生命保険業界は上記の批判に対処し、平成８年11月以降、団体定期保険に代わる新商品として、「総合福祉団体定期保険」を販売するようになり、この問題はすでに過去のものとなったとの指摘がある。同保険においては、保険金の少なくとも２分の１以上は遺族への支払いに充てられることとなり、また、被保険者の同意の明確化が図られたこと等により、遺族の知らない間に保険金請求がされるという事態を防止できる取扱いとなっている。

事案の概要

　Ｙ社は、従業員であるＡを被保険者とし、保険金受取人をＹとする「定期保険特約付終身保険契約」を訴外保険会社との間で締結していた。その後、Ａが死亡して保険金8038万円余がＹに支払われたため、Ａの相続人であるＸらが、Ｙに対し、「生命保険付保に関する規定」および不当利得返還請求権に基づいて、同保険金の引渡しを請求した。

　本件の争点は、①Ｙと訴外保険会社が締結した生命保険契約において、被保険者たる従業員が死亡した場合、保険金の全部または相当部分を死亡退職金または弔慰金支払いに充当するとの内容の「付保規定」が、Ａの合意の下に作成されていたか、②死亡退職金規程等が定められていない場合に、Ｘらが当該保

険金から受け取ることのできる死亡退職金の額をどのように確定するかである。

　第一審は、本件においては死亡退職金規程等が定められていないことを前提に、争点①についてＡの合意の存在を認めたうえで、争点②について、「本件付保規定はＹが従業員であるＡを被保険者とする生命保険によって利益を得ることは予定していないと解すべきである」として、Ｙに7082万余円の支払いを命じた。Ｙ控訴。

裁判所の判断

　原判決変更（注：Ｙが受け取った死亡保険金約8000万円の半額である4000万円の支払いを命じた）、一部認容、一部棄却。

争点②について

① 　死亡退職金規程等が作成されていない本件において、保険金の「全部またはその相当部分」という本件付保規定の文言のみでは、遺族に支給されるべき金額を具体的に確定することはできない。

② 　そこで、「本件付保規定の趣旨目的、支払を受けた保険金額、本件各契約の保険料及び保険金についての税務上の処理、本件各契約が締結された経緯、控訴人が支払った保険料、Ａの死亡当時の収入その他諸般の事情を考慮し、社会通念上相当と認められる額を決定するほかない」。

検　討 [18)]

1　企業が従業員を被保険者とし、保険金受取人を企業自身とする団体定期保険に加入していた場合であって、従業員が死亡したとき、当該企業と被保険者の遺族との間で、死亡保険金はどのような基準によって分配されるべきか。従業員死亡を保険事故とする生命保険契約によって使用者が利得することへの強い反対意見と相まって、この点が議論されてきた。本判決も、被保険者である従業員の遺族が、企業に対して死亡保険金の引渡しを請求した事案である。

2　退職金規程等が明確に定められている場合には、これを保険金分配の基準とすることが可能である。問題は、そのような規程等が存在しない場合や、あっても低額な定めしかない場合である。そのような場合、裁判例の多くは、使用者が負担した保険料を差し引いたうえで、当該労働者の貢献度、給

18）品田充儀〔判批〕『労働判例百選〔第7版〕』別冊ジュリ165号（2002）105頁。

与、保険契約の趣旨目的、保険金額等を考慮しながら「社会的に相当な額」を確定することとしている。

⑷　社内規定に基づく死亡時給付金の額を超えて企業が死亡保険金を遺族に分配することの要否

最判平18・4・11民集60巻4号1387頁

事案の概要

Ｙ社は、生命保険会社９社との間で、それぞれ、保険契約者兼保険金受取人をＹ、被保険者をＹの従業員全員とする団体定期保険契約を締結していた。そして、Ｙは、これら各保険契約に基づき、従業員Ａ～Ｃの死亡により、ＡおよびＢの死亡保険金として各6120万円、Ｃの死亡保険金として6090万円を受領する一方、社内規定に基づき、退職金および葬祭料等として、Ａ～Ｃの妻であるＸらに対し、それぞれ1164万円、1288万5000円、888万3000円を支払った。

そこで、Ｘらは、Ｙに対し、それぞれの夫の死亡により支払われた保険金の全額に相当する金員の支払いを求めた。

第一審、第二審は、Ｘらの請求を一部認容した。その理由は、団体定期保険の主たる目的は、企業がその受領した保険金を従業員に対する福利厚生のための給付に充てることにあり、このような目的と異なる団体定期保険の利用は公序良俗に反するものとして許されず、これを免れるためには、死亡時給付金として社会的に相当な金額に満つるでの額を遺族補償として支払う必要がある。そうすると、Ｙは、生命保険会社との間で、受領保険金のうち少なくとも社会的に相当な金額（本件では3000万円）に満つるまでの額を遺族補償として支払う旨の合意をし、そのような内容の第三者のためにする契約が成立したというべきである、というものである。双方上告。

最高裁判所の判断

原判決のうちＹ敗訴部分破棄、請求棄却。

① 「死亡時給付金として第１審被告（注：Ｙ。以下同じ。）から遺族に対して支払われた金額が、本件各保険契約に基づく保険金の額の一部にとどまっていても、被保険者の同意があることが前提である以上、そのことから直ちに本件各保険契約の公序良俗違反をいうことは相当でな」い。原審の判断は、立論の前提を欠いている。

② 「また、第１審被告が、団体定期保険の本来の目的に照らし、保険金の全部又は一部を社内規定に基づく給付に充当すべきことを認識し、そのことを本件各生命保険会社に確約していたからといって、このことは、社内規定に基

づく給付額を超えて死亡時給付金を遺族等に支払うことを約したなどと認めるべき根拠となるものではな」い。

③　「本件の事実関係の下で、第１審被告が、社内規定に基づく給付額を超えて、受領した保険金の全部又は一部を遺族に支払うことを、明示的にはもとより、黙示的にも合意したと認めることはできないというべきである。」

検　討

1　本判決は、原審が認めた「本件合意」（Yが本件各保険契約に基づいて受領した保険金の全部またはそのうち少なくとも死亡時給付金として社会的に相当な金額に満つるまでの額を、遺族補償として支払う旨を合意する第三者のためにする契約）を認めることはできないとし、このような合意を根拠とする原告らの請求を認めなかった。

2　なお、本判決の藤田宙靖裁判官補足意見は、団体定期保険をめぐる問題の実質を次のように端的にまとめている。「本件訴訟を含め、団体定期保険の被保険者とされた死亡従業員の遺族が原告となり、企業に対し、保険金の全部又は一部の支払を求める訴訟が数多く提起され、またこのような請求を認容する判決が少なからず出されているのは、従業員の死亡を契機として企業が利得をしているということに対する反感と同時に、実際、過去において、企業が、従業員の福利厚生の拡充に用いるとの名目で団体定期保険を締結しておきながら、受け取った保険金につき必ずしもその趣旨に適った運用をせず、時には、保険契約締結の事実を被保険者らに知らせることもせず、また、遺族に対する給付に充当することもなく、専ら企業の事業費に充てていた、といった事例すら出現するところとなったという事実が存在するからである」。

(5)　代償財産（相続開始後の保険事故に基づく損害保険金請求権等）

(ⅰ)　代償財産の発生

相続開始時に存在した遺産が、遺産分割時には存在しないことがある。たとえば、遺産が相続開始後に滅失したり、不法に処分されたり、相続人の合意により売却されたような場合である。

このような場合に、滅失した遺産たる個別財産に損害保険が付保されていれば、それについて保険金請求権が生じ、これは滅失した遺産たる個別財産の代償財産といえる。また、遺産の不法処分や売却の場合は、不法行為に基づく損害賠償請求権や売却代金が生じ、これらも遺産たる個別財産の代償財産といえる。

(ii)　遺産分割における代償財産の取扱い

そして、すでに述べたように、これらの代償財産は、原則として遺産分割の対象とはならない（前記2(2)(iii)）。なぜなら、遺産分割の対象とすべき遺産の範囲を画する基準時について、実務は遺産分割時説に立っているところ、上記のような代償財産の発生は、正に相続開始後、遺産分割までの間に元の財産が消滅したことを意味しており、基準時（遺産分割時）には、もはや遺産として存在していないからである。

実務においては、たとえば売却等、相続人の合意に基づく遺産の処分によって生じた代償財産は、原則として、遺産分割の対象となる相続財産から逸出し、遺産分割の対象とはしないこととされている。

(iii)　代償財産の分配方法に関する考え方

しかし、代償財産が原則として遺産分割の対象とはならないとしても、いずれにせよ相続人間で法的な帰属を終局的に確定する必要があることに変わりはない。この場合、考え方は大きく分けて2つある。

一つは、例外的に、遺産分割の対象に含めることとする合意を相続人間で行い、調停手続を利用して分割することである。判例も、遺産の売却の事案について、当事者全員の合意などの「特別の事情」があれば、売買代金を相続財産に加えて遺産分割の対象とできるとしている（最判昭54・2・22家月32巻1号149頁）。

もう一つの考え方は、上記とは反対に、代償財産を遺産分割調停では取り扱わないことである。遺産の売却の場合であれば、各相続人は、第三者に対して各持分に応じた代金債権を固有の権利として取得し、これを個々に請求するこ

とができる（最判昭52・9・19家月30巻2号110頁）。

(ⅳ)　実　　務

　実務においては、たとえば代償財産が売却代金である場合には、当事者または代理人の預り金名目で保管され、合意に基づき遺産に戻すか、そのまま相続人間で分配してしまうのが一般である[19]。

4　遺産の範囲の確定が困難となる場合──使途不明金問題を例に

(1)　遺産の範囲確定が困難となる場合

　すでに述べたように、遺産分割の対象となる遺産の範囲に関する法的枠組みは明確であるが（前記2⑵）、実際の遺産分割事件においては、遺産の範囲確定は必ずしも容易ではない。その要因としては、遺産分割調停の目的や役割に対する当事者の認識や期待が、上記の法的枠組みと必ずしも合致していない等の事情があると考えられる[20]。

　そして、遺産の範囲に関する法的枠組みの下ではその取扱いが明確であるにもかかわらず、遺産の範囲確定の際にしばしば議論になるものとして、預貯金、相続債務、死亡保険金等が挙げられる[21]（ただし、預貯金については、上述のとおり、判例変更によって遺産分割の対象とできることが法的に明確になった）。

(2)　不随問題が争われる場合[22]

(ⅰ)　不随問題とは

　また、遺産分割調停では、相続人間に派生するさまざまな法的紛争が手続の中に持ち込まれ、紛糾の原因となることもある。このような遺産分割に付随した法的紛争を不随問題という。

---

19)　片岡＝菅野・遺産分割・遺留分の実務152頁。

20)　小田ほか・判タ1418号11頁。

21)　小田ほか・判タ1418号11頁。

22)　片岡＝菅野・遺産分割・遺留分の実務61〜62頁。

(ii)　不随問題の例

実務上、遺産分割調停にしばしば持ち込まれ、手続の長期化の原因となる不随問題として、たとえば以下のような類型がある。

①　使途不明金に関する問題
②　葬儀費用や遺産管理費用の清算の問題
③　相続債務の分担の問題
④　同族会社の経営権の問題
⑤　親の扶養・介護の問題

(iii)　不随問題への対処方法

不随問題は、遺産分割審判の対象とはならないが、当事者全員の合意があれば、調停手続の中で解決することが可能である。

ただし、たとえ当事者のこだわりが強く、紛争の核心をなす問題であったとしても、不随問題を中心に取り扱って調停を進行してしまうと、上記のとおり不随問題は審判事項ではないため、最終的に合意ができない場合には、少なくない時間を費やして無駄な期日を重ねただけという結果になりかねない。そこで、家庭裁判所では、不随問題については、取り扱う調停期日を３回程度とするなど、その回数を制限する必要があると認識されている[23]。

また、当事者の代理人弁護士としては、各事案における依頼者の関心や心情を尊重して職務にあたるべきことは当然であるが、遺産分割調停という手続を選択した以上、不随問題はあくまで本来の遺産分割そのものの問題とは異なることを認識し、そのことを適宜、当事者に説明して理解を得ることが求められ、それが当該受任事件の適正かつ迅速な処理にも資する場合があると思われる。

(3)　使途不明金問題

不随問題のうち、遺産の範囲確定の際に特に大きく争われることがある問題

23）東京家裁・家判号外16頁。

として、いわゆる使途不明金問題に触れておきたい。

(ⅰ)　使途不明金問題とは

　使途不明金問題とは、被相続人名義の預貯金が相続開始前後に払い戻され、かつ、その使途が不明であるとして、当事者が別の当事者に対してさまざまな主張をする問題のことである[24]。

　たとえば、遺産分割を行うにあたり、相続人の1人が被相続人名義の預貯金口座の取引履歴を調べたところ、遺産分割までの間に多額の金員が引き出されていることが判明し、その口座は被相続人の生前から他の相続人の1人が管理を任されていたといった場合が、使途不明金問題が生じる典型的場面である。

(ⅱ)　遺産分割調停における使途不明金問題の取扱いの可否

　遺産分割調停を利用して使途不明金問題を解決できるかどうかは、以下のように場合を分けて考える必要がある。

(ア)　使途を相続人全員が認めた場合

　たとえば、被相続人の治療費に使った、被相続人の葬儀費用や遺産の管理のために使ったといった場合である。この場合は、使途を相続人全員が認めた以上、当該金員の引出しおよび使用に問題はなく、遺産分割の対象とはならず、当然、民事訴訟の対象ともならない。

(イ)　相続人の1人が個人的な使途に費消し、その事実が判明し、当該相続人もその事実を争わない場合

　この場合、遺産分割調停を利用して使途不明金問題を処理できる。具体的な処理方法には、以下のものがある（それらの方法によって処理することについて相続人全員が合意していることが前提となる）[25]。

> ①　当該相続人が預金（払戻額の一部のこともある。以下同じ）をすでに取得したものとして、相続分および具体的取得額を計算する。

24）小田ほか・判タ1418号12頁。
25）東京家裁・家判号外16頁。

> ②　当該相続人が、払い戻した一定額の現金を保管しているものとして、これを遺産分割の対象とする。
> ③　払い戻した金員が被相続人からの贈与と認められるとして、当該相続人に特別受益があるとの前提で具体的相続分を計算する。

(ウ)　全相続人の間で上記(ア)または(イ)のいずれの合意もできない場合

この場合、使途不明金問題は、遺産分割手続とは切り離されることになる。同問題の解決を望む当事者は、損害賠償請求訴訟または不当利得返還請求訴訟といった民事訴訟を提起することになる。

(iii)　使途不明金問題を遺産分割手続で解決すべきかどうかの見極め[26]

以上のとおり、使途不明金問題は、調停において協議を続けたとしても、当然に分割の対象となる財産が現れるという保証はなく、実務においては、しばしば手続進行の停滞の原因となりうるものとして認識されている。しかし、当事者は、これに対する関心が強く、調停において全体の解決を望むことも多い。

そこで、東京家裁では、調停を全体として円滑に機能させるため、説明用の補助資料も活用して、当事者が使途不明金問題の法的位置付けを正しく理解できるようなわかりやすい説明をするとともに、使途不明金問題を取り扱う期日の目途を決め、それまでに合意ができなければ、以後は同問題を調停からは切り離し、必要があれば民事訴訟を提起するよう促している。

(iv)　遺産分割調停において使途不明金問題を取り扱う場合の手続進行のイメージ

使途不明金問題が主張された場合、調停期日は**図表1**のように進行することが考えられる[27]。

---

26)　小田ほか・判タ1418号12頁。
27)　小田ほか・判タ1418号30頁。

【図表１】遺産分割調停において使途不明金問題を取り扱う場合の手続進行のイメージ

> **第１回期日**　ある当事者が、被相続人の預貯金の払戻しとその使途について疑
> 問を持っていると主張
>
> ➡　使途に疑問を持つ当事者が、預貯金の明細等で払戻しの事実を明らかに
> し、経過や使途の説明を求める
>
> **第２回期日**　預貯金を払い戻した当事者が、払い戻しの経過や使途を説明
>
> ⓐ➡　遺産分割手続内での取扱いについて合意が成立
>
> 　　➡　遺産分割
>
> または
>
> ⓑ➡　使途に疑問を持つ当事者が裏付けを求める
>
> 　　➡　預貯金を払い戻した当事者が裏付け資料を提出
>
> **第３回期日ⓐ**　遺産分割手続内での取扱いについて合意が成立
>
> ➡　遺産分割
>
> または
>
> **第３回期日ⓑ**　使途に疑問を持つ当事者がさらに説明を求める
>
> ➡　預貯金を払い戻した当事者が説明・裏付け資料を補充
>
> **第４回期日ⓐ**　遺産分割手続内での取扱いについて合意が成立
>
> ➡　遺産分割
>
> または
>
> **第４回期日ⓑ**　遺産分割手続内での取扱いについて合意できない[28]
>
> ➡　民事訴訟　へ

(ⅴ)　預金口座の取引経過の開示請求

　判例は、金融機関は預金契約に基づき、預金者の求めに応じて預金口座の取引経過を開示すべき義務を負い、預金者が死亡した場合には、各相続人は、相続人全員に帰属する預金契約上の地位に基づき、（準）共有権者の保存行為

---

[28]　今般の相続法改正における民法906条の２（第２項）の新設により、死後の払戻しの場合には、払戻しをした相続人以外の全相続人の同意があれば、払い戻された預貯金は、なお遺産分割の対象とできることになった。

（民264条、252条ただし書）として、被相続人名義の預金口座の取引経過の開示を求める権利を単独で（すなわち他の共同相続人の同意がなくとも）行使することができることを認めている（最判平21・1・22民集63巻1号228頁）。

5　遺産の範囲に関連する相続法改正

(1)　はじめに

　今般の相続法改正においては、遺産分割に関する規定についても重要な見直しや新設がある。ここでは、そのうち、今後の遺産分割実務の段階的進行モデルの運用において、遺産の範囲確定の作業に影響すると考えられるものを概観する。

(2)　遺産分割前における預貯金の払戻し制度[29)30)]

(i)　制度趣旨

　従前は、預貯金債権は、金銭債権として相続開始と同時に各相続人に当然に分割帰属し、各相続人は、理論上は、そうして自己に帰属した債権を単独で行使することができた。しかし、平成28年決定が出されたことにより、預貯金債権は相続が開始しただけでは各相続人に分割帰属することはなく、共同相続人間で遺産共有（準共有）の状態になることとされたことから、各相続人は、遺産分割までの間は、他の共同相続人全員の同意を得ない限り権利行使はできないこととなった。

　しかし、遺産分割までは、他の共同相続人全員の同意がない限り預貯金を払い戻すことができないこととされた結果、たとえば、相続人において被相続人が負っていた債務を早期に弁済する必要があるとか、被相続人から扶養を受けていた共同相続人の当面の生活費を支出する必要があるといった場合に、被相続人が遺した預貯金をもってこれらの資金需要に迅速に対応することが妨げら

---

29)　一問一答68〜79頁。

30)　片岡＝菅野・改正相続法と家裁実務45〜53頁。

れるという不都合が指摘された。

　そこで、改正法では、相続人の比較的小口の資金需要に迅速に対応すること を可能とするため、各相続人が、遺産分割前に、裁判所の判断を経ることな く、遺産に含まれる預貯金債権を一定の範囲で行使することができる制度が設 けられた（民909条の２）。

(ⅱ)　制度の内容（民909条の２）

　各相続人は、原則として、遺産に属する預貯金債権のうち、相続開始時の債 権額の３分の１に、当該払戻しを求める相続人の法定相続分を乗じた額の限度 で、単独で権利行使ができることとされている。このルールに従って権利行使 をすることができる預貯金債権の額は、個々の預貯金債権ごとに判断される。

　さらに、上記の割合による上限だけでなく、一つの金融機関に払戻しを請求 できる金額についても上限が設けられ、同一の金融機関に複数の口座がある場 合でも、その金融機関から払戻しを受けられる額は、法務省令で定める150万 円が限度となる。

　遺産分割前であるにもかかわらず、裁判所の判断を経ずに当然に各相続人に 払戻しを認める代わりに、上記のような制限を併せて設け、単独での払戻しの 権限を類型的に預貯金の払戻しの必要性が認められる額に制限することによ り、預貯金を遺産分割の対象として公平な遺産分割を実現するという平成28年 決定の趣旨が阻害されないようにするための手当てがなされたといえる。

(ⅲ)　権利行使にあたって準備すべき資料

　民法909条の２の規定の適用を受けるにあたり、金融機関にどのような資料 を提示する必要があるかについては、法律上は規定されていない。

　この点について、民法909条の２においては、相続開始時の預貯金債権の額 の３分の１に、さらに、払戻しを求める者の法定相続分を乗じた額が権利行使 可能な範囲とされていることから、①被相続人が死亡した事実、②相続人の範 囲、③払戻しを求める者の法定相続分がわかる資料の提示が必要になるものと 考えられる。具体的には、これらの事実を証明する戸籍（全部事項証明書等）

や法定相続情報一覧図（法務局における認証を受けたもの）が、そのような資料に該当するものと考えられる。

(iv)　本制度により預貯金が払い戻された場合の遺産分割における取扱い

民法909条の2前段の規定に基づき権利行使がされた預貯金債権については、その権利行使をした共同相続人が、遺産の一部分割によりこれを取得したものとみなされることとなり（同条後段）、その限りで、遺産分割の対象から逸出することになる。

ただし、共同相続人の一部の者が同条前段の規定に基づき払い戻した預貯金の額が、その者の具体的相続分を超過する場合には、当該共同相続人は、その超過する部分を清算すべき義務を負う。

(3)　預貯金債権の仮分割の仮処分[31)32)]

(ⅰ)　制度趣旨

上記(2)(ⅱ)のとおり、遺産分割前における預貯金の払戻し制度においては、共同相続人間の公平な遺産分割の実現を阻害しないようにするために権利行使可能な債権額が制限されたため、この限度額を超える大口の資金需要に対しては柔軟に対応することが難しいといえる。このような資金需要がある場合には、裁判所の判断を経由する家事事件手続法200条2項に基づく仮分割の仮処分を活用することが考えられる。

もっとも、同項に基づく仮分割の仮処分は、「急迫の危険を防止するため必要がある」場合であることを要件としていることから、相続開始後に生じる資金需要に柔軟に対処できないという難点がある。

そこで、改正法においては、預貯金債権の仮分割に特化した規定として家事事件手続法200条3項を設け、同条2項の要件を緩和することとした。

---

31)　一問一答80〜86頁。
32)　片岡＝管野・改正相続法と家裁実務93〜106頁。

(ii)　制度の内容（家事法200条３項）

新制度においては、家事事件手続法200条２項の要件である「急迫の危険を防止するため必要がある」ことは不要であり、相続人において遺産に属する預貯金債権を行使する必要があり、かつ、これにより他の共同相続人の利益を害しないと認められる場合には、預貯金債権の仮分割の仮処分を認めることとした。

条文上は、相続財産に属する債務の弁済、相続人の生活費の支弁といった事情が例示されているが、これに限る趣旨ではなく、必要性の判断については、裁判所の裁量に委ねることとされている。

なお、この制度も、家事事件手続法200条２項の仮処分等と同様、仮処分であって保全処分の一種であるから、遺産分割の調停または審判が本案として係属していること（申し立てられたこと）が要件となる。

(iii)　申立てにあたって準備すべき資料

家事事件手続法200条３項の規定に基づく仮分割による預貯金債権の取得は、審判前の保全処分の一種であるから、その申立てにあたっては、申立書のほか、戸籍関係書類、住所関係書類および遺産関係書類等の本案において提出すべき書類も提出が必要になるものと考えられる。

さらに、遺産関係書類として、遺産の全体像を明らかにする書面のほか、原則として預貯金の直近の残高証明の提出が必要になる。

さらに、仮分割の仮処分の必要性を判断するために、申立人の収入状況のほか、仮払いを必要とする費目およびその金額を裏付ける資料（請求書、陳述書等）等の提出が必要になるものと考えられる。

(iv)　本制度により預貯金が払い戻された場合の本案における取扱い

家事事件手続法200条３項に基づく預貯金債権の取得は仮分割の仮処分（保全処分）の一種であり、本案である遺産分割審判等との関係は、民事事件における保全処分（仮地位仮処分）と本案訴訟との関係と同様に解することができる。そのため、仮分割の仮処分により申立人に預貯金債権の一部を仮に取得さ

せることにしたとしても、本案（本分割）においては原則としてその事実を考慮すべきではなく、仮分割された預貯金債権を含めて改めて遺産分割の調停または審判をすべきものとされている。

(4)　遺産の一部分割[33][34]

(i)　制度趣旨

遺産分割事件を早期に解決するためには、争いのない遺産に限って先行して分割（すなわち一部分割）を行っておくことが有益な場合がありうる。この点、相続法改正前の実務においても、一定の要件の下で一部分割が許されるとする見解が一般的であったが、法令の規定上は、一部分割が許容されているのかは必ずしも明らかではなかった。

そこで、改正法においては、一部分割が可能であることを条文上も明らかにすることとした（民907条）。

(ii)　制度の内容

民法907条１項の文言を「遺産の全部又は一部の分割をすることができる」と改め、共同相続人間の協議による一部分割が可能であることが明示された。この規定は、共同相続人は遺産の処分権限を有することから、その協議により、いつでも、遺産の一部をその余の遺産から分離させ、確定的に分割することができることを意味している。

さらに、民法907条２項本文において、遺産分割について共同相続人間で協議が調わない場合には、共同相続人が、遺産の全部分割のみならず、一部のみの分割を家庭裁判所に求めることができることが明示された。この規定は、家庭裁判所に対しいかなる範囲の遺産の分割を申し立てるかについて、第一次的に共同相続人に決定権限が認められることを意味している。

---

33)　一問一答87〜92頁。

34)　片岡＝菅野・改正相続法と家裁実務64〜71頁。

(ⅲ)　一部分割の利用が想定されるケース

たとえば、①遺産の範囲については相続人間で訴訟が提起されるなどして争いがあるが、遺産であることに争いのないものについては先行して分割をしたいという希望がある場合や、②遺産のうち不動産の帰属については、相続人間で意見の相違があって調整に時間を要するが、預貯金については法定相続分で分割したいという希望がある場合などに、一部分割が用いられることになると考えられる。

(ⅳ)　申立てにあたって準備すべき資料

基本的には、遺産の一部分割の申立ても遺産分割の申立ての一類型であることから、一部分割の申立てにあたっては、遺産分割の申立てにあたって必要となる書面を家庭裁判所に提出する必要がある。

したがって、遺産の一部分割の審判等の申立書のほか、相続人の範囲を明らかにする戸籍関係書類および住所関係書類、遺産の範囲を明らかにする遺産関係書類等を提出する必要があると考えられる。

(5)　遺産分割前に遺産に属する財産が処分された場合の遺産の範囲[35)36)]

(ⅰ)　制度趣旨

相続が開始すると、相続財産は、相続人が2人以上存在する場合には原則として遺産共有となり（民898条）、その共有状態を解消するためには、遺産分割の手続を経なければならないが（民907条）、各共同相続人が、遺産分割前にその共有持分を処分することも禁じられてはいない。しかし、改正前民法では、そのような処分がされた場合に、遺産分割においてどのような処理をすべきかについて明文の規定がなかった。

この点、実務においては、遺産分割の対象となる財産の4要件（上記2(2)）に従い、共同相続人の一部が遺産分割前に遺産の一部を処分した場合には、当

35）一問一答93〜100頁。
36）片岡＝管野・改正相続法と家裁実務72〜92頁。

該財産は遺産分割時にもはや遺産として存在しないことから、遺産分割の対象とはならず、当該処分によって当該共同相続人が得た利益も遺産分割においては特段考慮しないという取扱いがされていた。ところが、このような取扱いをすると、当該処分をした共同相続人の最終的な取得額が、当該処分を行わなかった場合と比べて大きくなり、その反面、他の共同相続人の遺産分割における取得額な小さくなるという不公平が生じた。

そこで、改正法では、遺産分割前に共同相続人の一部が遺産に属する財産を処分した場合に、遺産分割において上記のような不当・不公平な結果を招くことのないように、遺産分割において当該処分の事実を踏まえた調整を行うことを容易にする規律が設けられた（民906条の2）。

(ii)　制度の内容

民法906条の2第1項により、遺産分割前に処分された財産であっても、共同相続人全員の同意によって遺産分割の対象財産とすることができることとなった。

このことを前提として、民法906条の2第2項により、遺産分割前に遺産に属する財産を処分したのが共同相続人の1人である場合には、当該処分をした共同相続人の同意を得る必要はない。これにより、遺産分割前に、共同相続人の一部の者が自己の利得のためにいわば抜け駆け的に遺産の処分を行ったような場合であっても、その他の共同相続人の同意さえあれば、当該処分を行った相続人の意思にかかわらず当該処分財産も遺産分割の対象に含めることができ、最終的に公平な遺産分割を実現することができることとなる。

(iii)　遺産に含めることについての共同相続人の同意の法的性質

民法906条の2第1項により、遺産分割前に処分された財産を遺産分割の対象とすることについて共同相続人全員の合意が成立すると、当該処分財産を遺産とみなすという実体法上の効果が生じると解される。この効果は、共同相続人の意思に沿ったものであるから、各共同相続人の「同意」は意思表示に当たる。

　したがって、この「同意」は、他の意思表示と同様、原則として撤回することができない。ただし、錯誤や詐欺・強迫を理由とする取消しは可能である（民95条、96条）。

Ⅳ　遺産の評価における保険の取扱い

1　手続の概要

(1)　調停手続

　遺産分割調停手続において、遺産の範囲が確定した場合、次に各遺産の評価が検討される。

　調停手続であるため、当事者から提出された資料を参考にして各遺産の評価について合意を目指すことが前提となるが、当事者から提出された資料を参考として話合いがなされても合意に至らない場合には、専門家による鑑定を実施したうえで評価の合意を目指すことになる。

(2)　審判手続

　調停手続で遺産の評価について合意に至らなかった場合には、審判手続に移行する。

　遺産分割における審判手続は、基本的に先行する調停手続が不成立となって開始される。そのため、先行する調停手続での主張立証が充実している場合には、審判手続での追加の主張立証の負担は小さいが、後述のとおり、遺産の評価の基準時との関係で上場株式や預貯金に関する直近の資料を再提出する必要がある。

　なお、当事者の欠席のため調停手続で話合いができずに調停に代わる審判がなされることもある。

2　評価の基準時

　相続開始後、すなわち被相続人の死亡後、相続人間で早急に遺産分割協議が

実施されることは少なく、一般的に調停手続に移行した段階では相続開始から相当期間が経過していることが多い。しかし、上場株式等のように期間の経過で価格が大きく変動する可能性のある遺産もあるため、遺産の評価の基準時をどの時点とすべきかが問題となる。

　遺産分割は相続の開始によって共同相続人が共有している遺産を改めて分割する手続であるため、遺産分割時の評価を前提に協議を行うことが合理的である。また、遺産の評価の基準時を相続開始時とすると相続開始時と比較して減少した遺産を取得する者が不利な状況となる。

　したがって、実務的には、遺産分割における遺産の評価の基準時は「遺産分割時」とされている[1][2]。

3　不動産の評価

(1)　参考資料

　不動産の評価を検討するうえで参考となるものは、地価公示価格、固定資産税評価額、相続税評価額、不動産業者による査定額および不動産鑑定士による鑑定額である。

(i)　地価公示価格

　地価公示価格は、国土交通省（土地鑑定委員会）が毎年1月1日を基準日として標準的な土地について土地の取引の指標、不動産鑑定、相続税評価および固定資産税評価の基準等のために公表している価格であり、不動産鑑定士2名以上の鑑定をもとに算出されている。

　固定資産税評価額や相続税評価額と異なり、課税を目的として定められているものではない。

1）片岡＝菅野・遺産分割・遺留分の実務215頁。
2）小田ほか・判タ1418号13頁。

地価公示価格は国土交通省の web サイトで確認することができる[3]。

(ii)　基準値標準価格

基準値標準価格は、各都道府県が毎年 7 月 1 日を基準日として特定の基準地について土地取引の指標等のために公表している価格であり、不動産鑑定士 1 名以上の鑑定をもとに算出されている。

地価公示価格と同様に国土交通省の web サイトで確認することができる[4]。

(iii)　固定資産税評価額

固定資産税評価額は、各市町村が毎年 1 月 1 日時点の不動産の所有者に対して課税するための基準となる価額であり、各市町村において総務大臣の定める固定資産評価基準に基づき算出されている[5]。

原則として 3 年に 1 度評価額の見直し（評価替え）がなされる。

固定資産税評価額は納税通知書や固定資産評価証明書で確認することができる。

(iv)　相続税評価額

相続税評価額は、国税局が相続税や贈与税を課すための基準となる価額であり、国税局が毎年作成する路線価図に基づいて算出される方式（路線価方式）と評価倍率表に基づいて算出される方式（倍率方式）で算出される。市街地では路線価図が定められており、都市郊外では評価倍率表が定められている。

路線価図や評価倍率表は国税庁の web サイトで確認することができる[6]。

なお、相続税や贈与税が生ずるような場合には、相続税や贈与税の申告のために税理士によって相続税申告書が作成されている可能性が高い。その場合には相続税申告書を確認することで相続税評価額を容易に確認することができ

---

3 ）https://www.land.mlit.go.jp/landPrice/AriaServlet?MOD= 0 &TYP= 0

4 ）https://www.land.mlit.go.jp/landPrice/AriaServlet?MOD= 0 &TYP= 0

5 ）東京都の例として https://www.tax.metro.tokyo.lg.jp/shisan/kotei_tosi.html

6 ）https://www.rosenka.nta.go.jp/

る。特に相続税の申告期限は被相続人の死亡を知った日の翌日から10か月以内とされているため、少なくとも同期間を経過している場合には相続税評価額が算出されている可能性が高い。

(ⅴ)　不動産業者による査定額

不動産業者による査定額は、基本的には近隣の取引事例との比較で算出されている。

したがって対象不動産の近隣の不動産の取引を扱っている不動産業者に対象不動産の査定を依頼することで取引事例を重視した価格を調査することが可能であるが、取引事例の少ない地域では有用ではない。

(ⅵ)　不動産鑑定士による鑑定額

不動産鑑定士による鑑定額は、国家資格を有する不動産鑑定士によって算出される金額である。

基本的に、以下の方式を併用して価格が算出されている。

> ①　原価法：不動産の再調達原価について原価修正を行って価格を求める方法
> ②　比較法：多数の取引事例から事情補正および時点修正をし、かつ地域要因の比較や個別的要因の比較を行って価格を求める方法
> ③　収益法：不動産が将来生み出すであろうと期待される純収益の原価の総和を算出し還元利回りで還元して価格を求める方法

(2)　不動産の評価に関する合意
(ⅰ)　公的な基準を参考とする場合
(ア)　土　　地

土地の評価の参考となる基準は地価公示価格、基準値標準価格、固定資産税評価額および相続税評価額と複数存在する。地価公示価格や基準値標準価格は不動産鑑定士の鑑定によって算出される価格であり時価額に最も近い金額であるが、あくまで標準的な土地や基準となる土地の価格が算出されているものに

すぎない。そのため、遺産分割手続で不動産の評価を検討する際には固定資産税評価額や相続税評価額を参考とすることが多い。

　一般的に土地の固定資産税評価額は時価額の70％の金額、相続税評価額は時価額の80％の金額に相当するとされており、実務的にもこのような点を考慮して土地の評価が検討されている。

　なお、相続税評価額を参考とする場合には特例措置で相続税の減額がなされている可能性もあるため、その場合には減額される前の金額を参考とする等の注意が必要である。また、相続税が生じない場合には税理士による相続税評価額が算出されていないため、必ずしも税理士の算出した相続税評価額を参考とすることが可能ということではない。

(イ)　建　　物

　建物については固定資産税評価額（相続税評価額は基本的に固定資産税評価額と同額である[7]）が参考とされることが多い。

(ii)　専門家の意見を参考とする場合

　固定資産税評価額の評価替えは基本的に３年単位であり、地価公示価格はあくまで標準地の価格にすぎない。また、相続税評価額も不動産の個別事情がすべて反映されている価格ではない。

　したがって、当該不動産の個別具体的な事情を踏まえた価格を算出するということであれば、当該不動産に関して専門家の意見を参考とする必要がある。

　専門家の意見としては、当該不動産の近隣の不動産の取引を扱っている不動産業者に査定を依頼する場合や不動産鑑定士に鑑定を依頼する場合が考えられる。

　不動産業者による査定は基本的に無償であり、比較的短期間で査定額が算出される。

　他方、不動産鑑定士による鑑定は基本的に有償で相当程度の費用の支出を覚悟する必要がある。また、現地調査等を実施することもあるため、不動産業者

---

7 ）https://www.nta.go.jp/m/taxanswer/4602.htm

による査定に比して時間を要する。不動産鑑定士による鑑定は国家資格を有する者が複数の観点から不動産を評価するので一般的に信頼度が高いが、当事者の一方から依頼されてなされる鑑定（私的鑑定）は、後述する裁判所による鑑定と異なり宣誓義務が課されていないため、裁判所による鑑定と比較すると信頼度が劣るといわざるをえない。

　上記のとおり、無償で不動産業者による査定が多く行われているため、地価公示価格、固定資産税評価額および相続税評価額等の参考となる基準が存在する場合でも、これらの金額と時価額に乖離がないか確認するためにも不動産業者による査定は積極的に依頼すべきである。

　なお、当事者から異なる不動産業者の査定書が提出され、提出された各不動産業者の査定書の金額に大きな乖離がない場合には平均値を基準として評価の合意がなされるのが通常である。

(3)　裁判所による鑑定
(ⅰ)　鑑定実施の前提条件
　上記のような評価基準を参考にしても不動産の評価で合意に至らない場合には、裁判所による鑑定が実施される。

　鑑定人は不動産鑑定士であり、裁判所によって選任される。実務的には当事者の申出によって鑑定が実施される。そして鑑定を実施する際には鑑定費用の予納が必要となるため、鑑定が実施される前に必ず鑑定費用の負担について当事者で合意する必要がある。なお、鑑定費用の負担割合は相続人間で法定相続分に応じて按分することが多く、負担割合に合意した場合に事後的な争いを回避するためにその内容が調停調書に記載される。

　また、鑑定費用を支出して鑑定が実施されたにもかかわらず、当事者がその鑑定結果を尊重しないとなれば鑑定が全く無意味となる。そのため、鑑定の実施については鑑定費用の負担割合とともに当事者が鑑定の結果を尊重することが前提となっており、その旨も調停調書に記載される。

　そのため、鑑定が実施された後に鑑定結果に従わないことはきわめて困難であり、鑑定結果を前提に遺産分割の話合いがなされることになる。

　なお、鑑定費用は低額ではないため鑑定の実施が検討される際には調停委員からその旨の説明がなされる。また、裁判所が選任する予定の鑑定人の候補者から鑑定費用の見積額も提示されるので、鑑定が実施される前に当事者が費用対効果を考えて鑑定の実施を断念し、互いに譲歩して評価の合意に至ることも少なくない。

(ii)　鑑定実施の注意点

　鑑定が実施される場合には、不動産の現況や利用権付着の有無等の評価の前提条件を確定する必要がある。したがって、借地権の範囲等に争いがある場合には、事前に民事訴訟等で解決を図る必要がある。

　また、前述のとおり、遺産の評価の基準時は遺産分割時であるが、特別受益や寄与分の評価の基準時は相続開始時である。そのため、特別受益や寄与分の主張がなされている場合には遺産分割時に加えて相続開始時の評価も必要となる。

　もっとも、相続開始時と遺産分割時で期間の経過がさほどない場合には、1時点での鑑定がなされることも少なくないが、当事者が1時点での鑑定でかまわないという趣旨の合意がなされることが前提である。なお、このような合意がなされた場合にはその旨も調停調書に記載される。

(iii)　鑑定実施の必要性

　当事者間で不動産の評価について激しく争われている場合には鑑定の実施は必要不可欠であろう。

　他方、当事者の欠席を理由とする調停に代わる審判がなされる場合、実務的には不動産の評価について鑑定が必須とはされていないようである。その場合には、不動産業者による査定書や固定資産税評価額等を参考として評価を定めているようである[8]。

　このような運用は、一切の事情を考慮して相当な解決を図るという審判手続

8）小田ほか・判タ1418号18頁。

の制度趣旨に合致するうえ、欠席した当事者には異議申立手続が担保されていることからも合理的であろう。

(4)　専門的知見を有する調停委員の関与

　調停委員会は基本的に裁判官1名、調停委員2名で構成されているが、必要な場合には、専門的な知識経験を有する調停委員の意見を聴取することができるとされている。

　具体的には、不動産鑑定士の資格を有する調停委員を調停手続に関与させることになるが、鑑定と異なり現地調査等は予定されておらず、調停期日において当事者から聴取することが可能な事情を踏まえて意見を述べるものにすぎない。

　なお、このような手続を実施する場合にも鑑定の場合と同様に専門委員の意見を尊重するという旨の合意が前提となろう。

4　動産の評価

　家財道具などの動産は、一般的に交換価値が低いため左程争いにならない。そのため、遺産分割協議の対象外として事実上分割することが多い。

　他方、交換価値の高い動産については、当該動産の評価が問題となる。絵画、書画、骨董品等で高価な動産については、美術品商や書画クラブ等の意見、オークションの落札額および各種の美術の年鑑等の記載の評価額を参考に評価する方法もあるが[9]、相続税の申告がなされている場合には相続税の申告のために何らかの評価がなされている可能性が高いため、相続税評価額も参考となる。

9）片岡＝菅野・遺産分割・遺留分の実務230頁。

5　株式の評価

(1)　上場株式

　株式が証券取引所で取引されている株式であればその取引価格を参考に評価額が検討される。

　基本的には、遺産分割時（特別受益または寄与分を検討する場合には相続開始時）における直近の1株の評価額に株式数を乗じて算出されるが、株価の変動が大きい場合もあるため、近接する一定期間の評価額の平均値を評価額とすることもある。

　なお、証券取引所に上場されている会社の株式の終値は日刊新聞や東京証券取引所の web サイトで確認することが可能である。

(2)　非上場株式

　株式が証券取引所で取引されていない場合には、当然のことながら取引価格がなく争いとなることが多い。評価の参考となる公的な基準が複数存在する不動産と異なり、証券取引所で取引されていない株式にはそのような基準も存在しない。したがって、専門家である会計士等に評価を依頼せざるをえない。

　当事者で評価の合意に至らない場合には、不動産の場合と同様に鑑定が実施されることになる。もっとも、鑑定費用が当事者の負担となるうえ、会社が不動産を所有している場合には、株価鑑定の前提として当該不動産の鑑定も必要となる。また、相続開始後、当該法人の経営に携わっている当事者が決算報告書等の提出を拒否することも多く、株価鑑定の実施には困難な点が非常に多い。

　なお、非上場株式の評価は、一般的には会社法上の株式買取請求における価格の算定方法や相続税の評価方法が参考とされている。

　前者の方法は、①純資産評価方式、②収益還元方式、③配当還元方式および④類似業種比準方法があるとされているが、実務的には会社の実態に応じて各方式を組み合わせて評価されている。

　また、後者の方法は、相続人が同族株主以外の株主となる場合は相続した株式を配当還元方式で評価し、相続人が同族株主となる場合はその会社をその規模によって大中小と分け、それに応じて定められた各評価方式によるとされている。

　なお、不動産鑑定士の資格を有する専門委員の関与と同様に公認会計士の資格を有する専門委員を関与することもありうる。

6　預貯金の評価

　預貯金については通帳の写しや残高証明で金額を明らかにする必要がある。

　実務的には、遺産の分割方法の合意がなされる期日の直近の残高証明の提出を依頼し、相続開始時の残高と増減があっても、当事者間に特段の合意がないのであれば直近の残高が基準とされることが多い。なお、遺産の範囲の合意において、預貯金は、金融機関名、支店名、預貯金の種類、口座番号で特定されるため、調書に残高が記載されることは少ない。

Column 03	非公開会社株式の株価の算定

1　株価の算定に関する法規制

　公開会社でない会社において、株式を譲渡しようとする株主は、会社に対し、譲渡等承認請求を行う必要がある（会社法138条）。株主は、譲渡等承認請求に際して、譲渡承認しない場合、買い取るべきことを請求することができ、かかる譲渡等承認請求を受けた会社は、承認をしない決定（同法139条）をした場合に、買い取るべき者（指定買取人）を指定するのでない限り（同法140条４項）、当該株式を自身で買い取らなければならない（同条１項）。

　会社が買い受ける場合、買取価格は、会社・株主間の協議により決されるのが基本であるが（会社法144条１項）、まとまらない場合、会社・株主間のいずれも、裁判所に対し、売買価格の決定の申立てをすることができる（同条２項）。裁判所における売買価格の決定は、非訟事件手続であり、裁判所は、譲渡等承認請求時における会社の資産状態その他一切の事情を考慮することができる（同条３項）。

　以下では、非公開会社の株式価格の算定につき、できる限り平易に解説することにしたい[1]。

2　各種の評価方法

　譲渡制限株式における株価の算定につき、一般的に、どのような方法がとられているかにつきみてみるに、これらは、①資産価値法、②（資本）還元法（インカム・アプローチ）、③比準法に大別することができる。このうち、①は、会社の有するさまざまな財産の価値の合計額を会社の価値と考えるものであ

---

[1]　本コラム項目につき、松嶋隆弘「譲渡制限株式の価格決定に関する一考察―広島地決平成21年４月22日金判1320号49頁および東京地決平成26年９月26日金判1463号44頁を素材として―」丸山秀平ほか編『企業法学の論理と体系（永井和之先生古稀）』（中央経済社、2016)891頁以下）を解説の素材とした。

り、純資産方式が、これに属する。

　他方、②は、財産でなく、会社（または株式）が毎年算出する「価値」に着目するものである。すなわち、「価値」が将来にわたって一定期間算出され続けるとの「仮定」の下、かかる「価値」を、リスクを勘案した割引率（r：株式についての一般的な市場金利）で除し[2]、現在価値に「還元」する方式である。②は、より細かくは、(i)収益還元法（かかる価値を「税引後利益」とみる方式）、(ii)配当還元法（「1株当たりの毎年の配当額」とみる方式）、(iii)DCF還元法（毎年のキャッシュ・フローとみる方式：DCF方式）に分けることができる。

　そして、③は、類似の業種（類似業種比準法）、会社（類似会社比準法）を基準として、個別のファクターを比較して得た金額を評価価値とするものである。

　以上のうち、①は、事業継続を前提としない場合には適するが、事業継続を前提とする場合には、不動産の帳簿価額が会社資産の中で大きな割合を占めるケース等、適用範囲に限定されるといわれている。他方、③は、税務実務においては広く用いられているものの（財産評価基本通達）、もともと便宜的なものといえる。

3　資本還元法（インカム・アプローチ）における相互の関係

(1)　一般的な還元法の仕組み

　資本還元法（インカム・アプローチ）の中の各方式（収益還元法、配当還元法、DCF還元法）の相互の関係についてもみておこう。まず、前提として、一般的な還元法の仕組みについて説明する。PVを現在価値、Cをキャッシュ・フロー、rを割引率とすると還元法は、次の式として書きあらわすことができる[3]。

2）割引率について、詳しくは、江頭憲治郎『株式会社法〔第7版〕』（有斐閣、2017）17頁。

3）これは永久債の価値の求め方と同様である。リチャード・ブリーリー＝スチュワート・マイヤーズ＝フランクリン・アレン（藤井眞理子＝國枝繁樹監訳）『コーポレート・ファイナンス〔第10版〕上』（日経BP社、2014）53頁。

$$PV = \frac{C}{1+r} + \frac{C}{(1+r)^2} + \frac{C}{(1+r)^3} + \cdots$$

$\dfrac{C}{1+r} = a$、$\dfrac{1}{1+r} = x$ とすると、(1)式　$PV = a(1 + x + x^2 + x^3\cdots)$

両辺に x をかけると、(2)式　$PVx = ax + ax^2 + ax^3\cdots = a(x + x^2 + x^3\cdots)$

(1)式から(2)式を引くと、$PV(1 - x) = a$ となる。

したがって、a と x に代入すると、$PV\left(1 - 1\dfrac{1}{1+r}\right) = \dfrac{C}{1+r}$ となる。

両辺に $(1 + r)$ をかけると、$PVr = C$ なので、整理して $PV = \dfrac{C}{r}$

(2) 株式の場合❶：配当とキャピタルゲインの取扱い

株式の場合、マネーの受取りには、配当、キャピタルゲインの2つがありうる。

現在の株価を P_0、1年後の期末の期待株価を P_1、1株当たりの期待配当を DIV_1 とすると下記のとおりとなる[4]。

$$P_0 = \frac{DIV_1 + P_1 - P_0}{r} \quad 整理して、r = \frac{DIV_1 + P_1 - P_0}{P_0}$$

この場合の r（割引率）は、投資家がこの株式から期待する今後1年間の期待収益率を意味する。そして株価については、次のように整理できる。

$$P_0 = \frac{DIV_1 + P_1}{1+r}$$

P を適宜置き換えることにより、好きなだけ将来を予見することができ、最後の期を H とすると、下記のとおりとなる。下記の式の右辺の左は1年目から H 年目までの配当の現在価値の総和を、右は H 年における最終株価の現在価値である。

$$P_0 = \sum_{t=1}^{H} \frac{DIV_t}{(1+r)^t} + \frac{P_H}{(1+r)^H}$$

4）ブリーリーほか・前掲注3）132頁。

　Ｈが無限大に近づくに従って、最終株価の現在価値は０に近づくので、これを０とみなすことができ、下記のとおりとなる。

$$P_0 = \sum_{t=1}^{\infty} \frac{DIV_t}{(1+r)^t}$$

　このことは、株式評価にあたり、配当還元法の正当性を示すものである。

(3)　株式の場合❷：ゴードン・モデル方式

　配当還元方式のうち著名なのは、ゴードン・モデル方式である。ゴードン・モデル方式とは、企業が獲得した利益のうち配当に回されなかった内部留保額は再投資によって将来利益を生み、配当の増加を期待できるものとして評価する方法である。

　ここでコストの上昇率を g とすると、(2)の式は、次のように書き直せる（ちなみに PV_0 は、現時点での価値、C_1 は１年後のキャッシュ・フロー）[5]。

$$P_0 = \frac{DIV_1}{1+r} + \frac{DIV_2}{(1+r)^2} + \frac{DIV_3}{(1+r)^3} + \cdots$$

$$= \frac{DIV_1}{1+r} + \frac{DIV_1 (1+g)}{(1+r)^2} + \frac{DIV_1 (1+g)^2}{(1+r)^3} + \cdots$$

$$PV_0 = DIV_1 \sum_{n=1}^{\infty} \left(\frac{(1+g)^{n-1}}{(1+r)^n} \right)$$

$\dfrac{DIV_1}{1+r} = a$、$\dfrac{1+g}{1+r} = x$ とすると、(1)式　$PV_0 = a(1 + x + x^2 + x^3 \cdots)$

両辺に x をかけると、(2)式　$PV_0 x = ax + ax^2 + ax^3 \cdots = a\ (x + x^2 + x^3 \cdots)$

(1)式から(2)式を引くと、$PV_0\ (1 - x) = a$ となる。

　したがって、a と x に代入すると、$PV_0\ (1 - \dfrac{1+g}{1+r}) = \dfrac{DIV_1}{1+r}$ となる。

　両辺に $(1 + r)$ をかけると、$PV_0\ (r - g) = DIV_1$ なので、整理して PV_0

５）デービッド・G・ルーエンバーガー（今野浩＝鈴木賢一＝枇々木規雄訳）『金融工学入門〔第２版〕』（日本経済新聞出版社、2015)161頁、ブリーリーほか・前掲注３）63頁、138頁。

$$= \frac{\mathrm{DIV_1}}{r - g}$$

ただし、分母の性質上、r＞gが条件となる。gがrに近づくにつれ、PVは無限大に近づく。そして成長が本当に永遠なら、明らかにr＞gでなければならないのである[6]。

ゴードン・モデル方式によれば、gが増加するか、現在のDIV$_1$が増加するか、もしくはrが減少すれば、PV$_0$は増加する[7]。

ちなみに、この公式を用いて、DIV$_1$、P$_0$、gからrの推定値を求めることもできる（期待収益率（割引率）は、配当利回り＋配当の期待成長率に等しい)[8]。

$$r = \frac{\mathrm{DIV_1}}{P_0} + g$$

⑷　DCF 法と収益還元法の関係

前述のとおり、各還元法間の違いは、要は分子として何をとるかの違いにすぎない。そして、（少なくとも理論上は）配当還元方式が本則であることは前述した。

ここでもう一点、DCF法と収益還元法の関係について一言しておきたい。前者は、キャッシュ・フローの予測計算に基づくものであるのに対し、後者は、そうではなく、過去の「収益」に着目するという点で、より便宜的である。

⑸　r の算定

最後に、割引率rをどのように算定するかにつき述べておく。⑷までは分子の問題であったのに対し、これは分母の問題である。

リスク商品である株式については、割引率rをどのように算定するかが問題

6）ブリーリーほか・前掲注3）138頁。

7）ルーエンバーガー・前掲注5）161頁。

8）ブリーリーほか・前掲注3）138頁。

である。この点についてはさまざまな考え方があるところ、有力な考え方である資本資産価格モデル（Capital Asset Pricing Model：CAPM）によると、競争的な市場においては、期待リスクプレミアム（r-rf）は、証券のベータ（β：証券の市場の動きに対する感応度[9]）に直接的に比例する[10]。

$$r - r_f = \beta (r_m - r_f)$$

　問題は、ベータ値の算定である。統計学的には、株式 i のベータは、下記のように定義される（分子は、その株式の収益率と市場の収益率との共分散、分母は市場の収益率の分散）[11]。

$$\beta_i = \frac{\sigma_{im}}{\sigma_m^2}$$

　ただ、実際には、ベータ値は金融分野ではよく知られた概念であるため、さまざまな金融機関が株のベータ値の推定を行っており、それらを利用可能である[12]。

9）ベータについては、ブリーリーほか・前掲注3）286頁。

10）ブリーリーほか・前掲注3）313頁。

11）ブリーリーほか・前掲注3）290頁。

12）ルーエンバーガー・前掲注5）232頁。

Ⅴ　具体的相続分の確定における保険の取扱い

1　手続の概要

(1)　調停手続

　遺産分割調停手続において、遺産の評価が確定した場合には、次に各相続人の具体的相続分が検討される。

　具体的相続分とは、各相続人の法定相続分または指定相続分を前提として、特別受益または寄与分が認められる場合にはこれらによって修正された相続分である[1]。なお、具体的相続分は、あくまで遺産分割手続における分配の前提となるべき計算上の価額またはその価額の遺産の総額に対する割合を意味するものにすぎず、実体法上の権利ではない（最判平12・2・24民集54巻2号523頁）。具体的相続分を算出するうえでは、まず、遺言等で相続分が指定されているか確認する必要がある。相続分の指定がある場合には、その指定された相続分が具体的相続分を算出する前提の相続分となる。他方、相続分の指定がない場合には、法定相続分（民900条1号～4号）が具体的相続分を算出する前提の相続分となる。

　次に、特別受益および寄与分の有無が検討される。特別受益や寄与分が認められる場合には、相続財産および当該相続人の指定相続分または法定相続分が修正されて、各相続人の具体的相続分が算出される。

　後述のとおり、特別受益や寄与分が認められるか否かという判断は容易ではないが、特別受益や寄与分の主張がなされる場合には、当事者の強い心情が背景にあることが多いため、当事者が特別受益や寄与分が認められるか否かという観点と無関係な事情が強く主張されることも多い。そのため、特別受益や寄

1）新版注釈民法(19)相続(1)227頁。

与分に関する事実関係については十分に整理する必要がある。

　なお、東京家裁においては、特別受益や寄与分に関する資料が用意されている。その資料には特別受益や寄与分の一般的な類型に応じた検討のポイントが記載された資料もある[2]。そのため、当事者に代理人が就任していない場合に各当事者の理解に役立つものであることはいうまでもないが、当事者に代理人が就任している場合でも、裁判所の考え方を代理人から当事者に説明するための資料として有用である。

(2)　審判手続

　調停手続で各相続人の具体的相続分が確定できなかった場合、すなわち、各相続人間で各相続人の具体的相続分について合意に至らなかった場合には、調停手続が不成立となり、審判手続に移行する。

　法律上、遺産分割調停を経ずにただちに遺産分割審判を申し立てることも可能ではあるが、合理的な理由なく遺産分割の審判を申し立てた場合、裁判所の職権で調停手続に付されるため、審判手続が開始される場合は実務上、調停手続が先行している事案がほとんどである。したがって、調停手続における審理の充実さが影響するため、調停手続の段階でも十分な主張立証をする必要がある。

　なお、民法によれば、相続人に寄与分が認められる場合には当事者の協議によって寄与分を定めるとされており、協議が成立しない場合には当事者の請求によって家庭裁判所において定めるとされている（民904条の2第2項）。話合いでの解決を目指す調停手続においては寄与分の申立てがなされないまま寄与分の有無および金額が検討されることが多いが、審判手続は当事者から申立てがなされない限り、裁判所が寄与分を判断することができない。したがって、寄与分の申立てがなく進められていた遺産分割調停が不成立となり審判手続に移行する場合には寄与分の申立てが必要となる。

2）小田ほか・判タ1418号26〜65頁。

2　特別受益

(1)　制度趣旨

　民法によれば、共同相続人中に、被相続人から以下の項目を受けた者があるときは、被相続人が相続開始の時において有した財産の価額にその贈与の価額を加えたものを相続財産とみなし、民法900条〜902条の規定により算定した相続分の中からその遺贈または贈与の価額を控除した残額をもってその者の相続分とするとされている（民903条1項）。

①　遺贈
②　婚姻のための贈与
③　養子縁組のための贈与
④　生計の資本としての贈与

　特別受益の制度は、遺贈または特定の贈与を相続財産とみなしたうえ（このような処理が「持戻し」と称されている）、遺贈または特定の贈与を受けた相続人の相続分から遺贈または特定の贈与の額を控除することで、共同相続人間の不均衡を是正する制度である[3]。

(2)　要　　件

　上記①〜④の類型のうち、①遺贈については目的に制限がない。したがって、すべての遺贈が特別受益に該当する。

　他方、②〜④の各贈与については目的が制限されており、すべての贈与が特別受益に該当するものではない。上記のとおり、特別受益の制度は共同相続人間の不均衡を是正するための制度であるため、特別受益とされる贈与は遺産の前渡しと評価される贈与に限定されている。

　①遺贈についてはその内容が遺言書に記載されているため問題とならないが、書面等の客観的証拠が存在しない生前贈与は②〜④の各贈与に該当するか

3）　新版注釈民法(27)相続(2)210頁、新版注釈民法(19)相続(1)268頁。

が問題となる。

　特に夫婦間および親族間には相互扶助義務が存在するため（民752条、760条、877条）、通常の扶養義務の範囲内の贈与であれば単なる扶養義務の履行にすぎない。そのため、生前贈与に関しては当該贈与が通常の扶養義務の範囲を超えるものであるかという観点を十分に検討する必要がある。

　なお、民法上、特別受益の類型は①〜④の各類型とされているが、厳密には「遺贈」や「贈与」に該当しないような場合についても特別受益に該当すると判断している裁判例も存在する[4]。そのため、厳密には「遺贈」や「贈与」とは言い難いが、相続人が何らかの利益を受けていたと考えられる場合には、共同相続人間の不均衡を是正するという制度趣旨を踏まえて特別受益の有無を検討すべきである。

　以下、①〜④の類型を個別に検討する。

（ⅰ）　遺　　贈

　遺贈については、上記のとおり、目的に関係なくすべての遺贈が特別受益に該当する[5]。

　遺贈の場合にはその内容が遺言で明記されるため、遺言が有効であれば、実務上、特段問題とならない。

（ⅱ）　婚姻のための贈与

　婚姻のための贈与については、婚姻の際の持参金、支度金、結納金および挙式披露宴の費用等が特別受益に該当するかが問題となる。

　裁判例としては、結婚指輪450万円、結納金100万円および新婚旅行費130万円が特別受益に該当するとしたうえで、結婚式の費用280万円は特別受益に該当しないとする裁判例（京都地判平10・9・11判タ1008号213頁）も存在するが、各共同相続人が挙式費用等を各々受領していることを理由に特定の相続人のみ

---

4 ）新版注釈民法(19)相続(1)271頁。
5 ）新版注釈民法(19)相続(1)271頁。

が特別受益を受けたとはいえない判断している裁判例（名古屋高金沢支決平3・11・22家月44巻10号36頁）も存在する。

　なお、実務的には、持参金や支度金は特別受益に該当する可能性が高いが、挙式披露宴の費用については特別受益に該当する可能性は低いとされている[6]。

　いずれにしても、特別受益の制度は遺産の前渡しと評価される贈与について共同相続人間の不均衡を是正する制度であるため、金額の多寡のみではなく、贈与の経緯や他の相続人が受領した同趣旨の金員の有無およびその金額等の一切の事情を考慮して、当該贈与が特別受益に該当するかが判断される。

(iii)　養子縁組のための贈与

　養子縁組のための贈与については、養子縁組の際の持参金や支度金等が特別受益に該当するかが問題となるが、特別受益に該当するかは、婚姻のための贈与と同様に、特別受益制度の趣旨を踏まえて検討される。

(iv)　生計の資本としての贈与

　生計の資本としての贈与については、小遣い、生活費、遊興費、祝い金、学資、相続人の土地または建物を無償で使用した場合の利益等が特別受益に該当するかが問題となる。

　生計の資本としての贈与であるため扶養義務との関係で特に問題となる。そのため、当該贈与が通常の扶養義務の範囲を超えるものかが慎重に検討される。

(ア)　小遣い、生活費および遊興費

　小遣い、生活費および遊興費については、通常の扶養義務の範囲内の支出であり特別受益に該当しないと判断される可能性が高い。

　もっとも、裁判例によっては、被相続人の口座から相続人の口座に複数回に渡ってなされていた送金について、遺産総額や被相続人の生前の収入状況を踏まえて、月額10万円に満たない送金は親族間の扶養的金銭授受にとどまるが、

6）小田ほか・判タ1418号32頁。

同金額を超える送金については特別受益に該当すると判断している審判例（東京家審平21・1・30家月62巻9号62頁）も存在するので、被相続人の生前の経済状況等も踏まえて慎重に検討する必要がある。

(イ)　祝 い 金

新築祝いや入学祝い等の祝い金についても、被相続人の経済状況等を踏まえて通常の扶養義務の援助の範囲内で支出されたものかが検討されるが、一般的には特別受益に該当しないとされることが多いようである[7]。

(ウ)　学　　　資

学資については、大学等の高等教育を受けるための費用（入学金や授業料等）、留学費用等が通常の扶養義務の範囲を超えるものかが問題となる。

裁判例（京都地判平10・9・11判タ1008号213頁）では、医学教育の学資援助について、学資援助を受けた相続人のみならず他の相続人も大学教育を受けていること、被相続人が開業医で医大の学資援助を受けた相続人による家業承継を望んでいたこと等を考慮して、特別受益に該当しないと判断されている。学資が特別受益に該当するか否かは単純に金額の多寡で決せられるものではなく、被相続人の生前の経済状況や社会的地位、他の相続人が受けている学資援助の内容との比較で検討される。

なお、裁判例によっては、子供の個人差その他の事情により公立私立等が分かれ、その費用に差が生じることがあるとしても、通常、親の子に対する扶養の一内容として支出されるものであるため、遺産の先渡しとしての趣旨を含まないものと認識するのが一般的であるとしたうえで、仮に、特別受益と評価しうるとしても、特段の事情のない限り、被相続人の持戻し免除の意思が推定されるとまで述べている裁判例（大阪高決平19・12・6家月60巻9号89頁）も存在するため、特別受益の該当性に加えて持戻し免除の意思表示があるかという点についても併せて検討する必要があろう。

(エ)　相続人の土地の無償使用

被相続人の土地上に相続人が建物を建築して居住していたにもかかわらず、

7）小田ほか・判タ1418号32頁。

相続人が賃料を支払っていなかった場合に土地の使用利益が特別受益に該当するかが問題となる。特に、親族間では不動産の利用関係について法律関係を明確にしていない場合が大半であるため、このような問題が生ずる事案は多い。

　被相続人の土地を無償で使用していた相続人は賃料の支出を免れているので、このような利益が特別受益に該当すると判断される可能性が高いが、その土地上の建物で被相続人と同居していた場合には特別受益に該当しないと判断される可能性もある。

　なお、実務的には、このような土地の使用利益が特別受益に該当する場合であっても特別受益と認められる額は使用借権相当額（更地価額の１〜３割）であり、賃料相当額（相当賃料額×使用年月数）ではないとされている[8]。

　㈎　**被相続人の建物の無償使用**

　被相続人の建物に特定の相続人が居住していた場合に建物の使用利益が特別受益に該当するかが問題となるが、建物の使用は恩恵的要素が強く、遺産の前渡しと評価し難いため、当該相続人が被相続人と同居していた場合のみならず、同居していない場合でも特別受益に該当しないとされる可能性が高い[9][10]。

(v)　そ の 他

　相続人の夫が勤務先で不祥事を起こしたために同夫の身元保証をしていた被相続人が同勤務先に対して金銭を支払ったが、被相続人が相続人の夫に対して同金員の支払いを免除した件について、相続人の夫に対する求償債権の免除は相続人に対する相続分の前渡しとしての「生計の資本としての贈与」に該当すると判断している審判例（高松家丸亀支審平３・11・19家月44巻８号40頁）が存在するように、厳密には「贈与」とは言い難い類型についても特別受益に該当すると判断される可能性がある。

---

[8]　小田ほか・判タ1418号33頁。

[9]　小田ほか・判タ1418号32頁。

[10]　片岡＝菅野・遺産分割・遺留分の実務274〜275頁。

(3)　基 準 時

　共同相続人の中に特別受益を受けた相続人がいる場合の各相続人の具体的相続分を算出する際の基準時は、実務上、遺産分割時ではなく相続開始時とされている。

(4)　生命保険金

　相続人を受取人とする死亡保険金（生命保険金）や遺族年金など、被相続人の死亡を原因とする給付等については、これを特別受益として認めるべきか、実務上も判断が分かれていた。

　たとえば、被相続人（A）が生前、相続人の１人（Aの長女X）を受取人とする生命保険契約を締結していた場合、死亡保険金請求権がXの特別受益であるとして、他の相続人（Aの長男Y）が法定相続分相当額を受領することができるかが問題となる。

(i)　学説上の見解

　死亡保険金請求権が民法903条１項の特別受益に該当するかについて、学説上は、遺贈ないし死因贈与に準ずべき財産の移転があったとみられるなどとして、肯定説あるいは、原則として肯定する説が有力である。

　肯定説の中には、①受取人の指定を生前贈与とみる見解[11]、②受取人の指定を遺贈ないし死因贈与に準ずる財産の移転（無償処分）とみる見解[12]、あるいは、③生前贈与等に準ずるものとみるが、種々の事情を考慮して、特別受益

---

11)　山下友信「生命保険金請求権取得の固有権性」『現代の生命・傷害保険法』（弘文堂、1999) 78頁。

12)　大森忠夫「保険金受取人の法的地位」『生命保険契約法の諸問題』（有斐閣、1958) 59頁、遠藤浩「相続財産の範囲」『家族法大系Ⅵ 相続(1)』（有斐閣、1960) 179頁、鈴木禄弥『相続法講義〔改訂版〕』（創文社、1996) 46頁、中川善之助＝泉久雄『相続法〔第４版〕』（有斐閣、2000) 211頁。

性を判断する見解（原則肯定説）[13]に大別される。他方、否定説は、④死亡保険金請求権は、原則として特別受益には当たらないとしつつも、共同相続人間の公平をきわめて損なうような例外的な場合には、特別受益に準じて処理するのが相当とする見解（原則否定説）[14]がある[15]。

　もっとも、肯定説の多くは、持戻しと認定することが相当でない場合には、被相続人の持戻し免除の明示ないし黙示の意思表示を認定することによって、受領した保険金を持戻しの対象としないなど、事案ごとの妥当性を検討するため、肯定説と原則肯定説で、結論に大きな差異は生じないと考えられる。

　これに対し、原則否定説については、特別受益に準じて持戻しが認められるのは、より限定された場合となろう。

(ii)　判例の立場

　死亡保険金請求権が特別受益に該当するかについて、実務上は、死亡保険金請求権を民法903条の規定する贈与等に準じて扱われるべきであるとして、これを肯定するもの（大阪家審昭51・11・25家月29巻6号27頁、宇都宮家栃木支審平2・12・25家月43巻8号64頁等）、原則として特別受益に準じて扱うべきとしながらも、共同相続人間の実質的公平を損なうとして否定するもの（大阪家審昭53・9・26家月31巻6号33頁、神戸家審平11・4・30家月51巻10号135頁等）など、多様な判断枠組みから事例に応じて検討していたもの考えられる。

　もっとも、近年は、死亡保険金請求権は、原則として民法903条の遺贈等に該当しないとして、否定説ないし原則否定説に立つ見解が有力とされてきた（東京家審昭55・2・12家月32巻5号46頁、高松高決平11・3・5家月51巻8号48頁等）。

　ところで、死亡保険金請求権が特別受益ないしこれに準ずるものとして、持

---

13)　高木多喜男「相続の平等と持戻制度」星野英一ほか編『現代社会と民法学の動向(下)』448頁、松原正明「生命保険金・死亡退職金・遺族給付」梶村太市ほか編『現代裁判法大系(11)遺産分割』（新日本法規出版、1998）144頁。

14)　千藤洋三「生命保険の特別受益性が否定された事例2件」民商122巻6号（2000）914頁。

15)　「最二小決平16・10・29」判タ1173号（2005）199頁。

戻しの対象となるかについて検討する前に、死亡保険金請求権の性質に関する最高裁の立場について、以下の最高裁判例にも触れておく必要がある。

(ｱ)　最高裁昭和40年２月２日判決

まず、保険金受取人を「被保険者死亡の場合はその相続人」と指定した際の保険金請求権の帰属が争われた事案において、最高裁は、「保険金受取人としてその請求権発生当時の相続人たるべき個人を特に指定した場合には、請求権は、保険契約の効力発生と同時に右相続人の固有財産となり、被保険者（兼保険契約者）の遺産より離脱しているものといわねばならない。」として、死亡保険金請求権は、保険契約者（または被保険者）である被相続人の相続財産を構成するものでないとした（最判昭40・２・２民集19巻１号１頁）。

前掲最判昭40・２・２の事案は、被相続人であるＡがＹ保険会社との間で、被保険者をＡ、保険金受取人につき、被保険者死亡の場合はその相続人とする旨の生命保険契約を締結した後（Ａの法定相続人は、姉Ｂと弟Ｃのみである）、公正証書をもって、Ａの財産をＸに対し包括遺贈する旨の遺言を残し、死亡したことから、ＸがＹに対し、自己が保険金受取人であるとして、保険金の支払いを請求したものである。

最高裁は上記のとおり判示し、被相続人が保険金受取人を指定した場合には、保険金請求権はその者固有の財産となるから、相続財産を構成しないとした第一審を支持し、Ｘの請求を退けた。

本件については、控訴審も第一審の判決を支持していることから、被相続人が保険金受取人を指定した場合の保険金請求権の取扱いについては、各審級が同様の結論に至ったことになる。

被相続人が保険金受取人を指定した場合について、学説上も、保険金受取人が、抽象的な表現で指定されている場合でも、保険金受取人の指定としては有効で、被保険者の意思を合理的に解釈することよって、保険事故発生の時において被指定者を特定しうる限り、被指定者を受取人とすべきとされており[16]、被相続人が保険金受取人を指定した場合における死亡保険金請求権の取扱いに

---

16)「最三小判昭40・２・２」判タ175号（1965）103頁。

ついては、実務、学説上も確立したといえる。

(イ)　最高裁平成14年11月5日判決

次に、死亡保険金受取人の変更が遺留分減殺請求権の算定にあたり、民法1031条に規定される遺贈または贈与に該当するかが争われた事案において、最判平14・11・5（民集56巻8号2069頁）は、「死亡保険金請求権は、指定された保険金受取人が自己の固有の権利として取得するのであって、保険契約者又は被保険者から承継取得するものではなく、これらの者の相続財産を構成するものではないというべきであり、また、死亡保険金請求権は、被保険者の死亡時に初めて発生するものであり、保険契約者の払い込んだ保険料と等価の関係に立つものではなく、被保険者の稼働能力に代わる給付でもないのであって、死亡保険金請求権が実質的に保険契約者又は被保険者の財産に属していたものとみることもできない」として、前掲最判昭40・2・2を踏襲する形で、死亡保険金請求権は相続財産に帰属しないことを確認した。

本事案の第一審では、保険金受取人の変更が権利の濫用として無効であるかという点についても争点となっていたが、この点について、第一審（福岡地小倉支判平11・1・18民集56巻8号2081頁）は、「個人的には元来自己の財産を自由に処分する権能がある。」こと、「生命保険契約は、……法律上（旧商法675条1項ただし書（現・保険法43条））、約款上受取人変更の自由は契約者に留保されている。」ことなどを理由に、「本件受取人変更手続が契約者であるAの真実の意思に基づき適正になされた以上、受取人変更が、結果として離婚を控えた配偶者に対する金銭支払義務を免れる目的の資産処分になっているとしても、……変更行為が権利濫用で無効であると認めることはできない。」とし、控訴審もこれを支持している（なお、上告審では、保険金受取人の変更が権利濫用に当たるかという点は、争点から外れている）。

(ウ)　最高裁平成16年10月29日決定

もっとも、前記2つの最高裁判例は、いずれも死亡保険金請求権が相続財産に帰属しないことを確認したにすぎず、死亡保険金請求権が特別受益に該当するか否かについて、直接判断を下したものではなかった。そのため、死亡保険金請求権の特別受益該当性については、依然として裁判例の蓄積が待たれた。

その中で、死亡保険金請求権と特別受益との関係について、正面から判断したのが、最決平16・10・29（民集58巻7号1979頁）（以下、「平成16年決定という」）である。

平成16年決定は、まず、「養老保険契約に基づき保険金受取人とされた相続人が取得する死亡保険金請求権又はこれを行使して取得した死亡保険金は、民法903条1項に規定する遺贈又は贈与に係る財産には当たらないと解するのが相当である。」として、これまでの判例に倣い、死亡保険金請求権（または死亡保険金）は民法903条の特別受益には該当しないことを明示した。

そのうえで、「上記死亡保険金請求権の取得のための費用である保険料は、被相続人が生前保険者に支払ったものであり、保険契約者である被相続人の死亡により保険金受取人である相続人に死亡保険金請求権が発生することなどにかんがみると、保険金受取人である相続人とその他の共同相続人との間に生ずる不公平が民法903条の趣旨に照らし到底是認することができないほどに著しいものであると評価すべき特段の事情が存する場合には、同条の類推適用により、当該死亡保険金請求権は特別受益に準じて持戻しの対象となると解するのが相当である。」として、死亡保険金請求権が特別受益に該当するには、共同相続人間に生ずる不公平が、民法903条の趣旨に照らし、著しいものであると評価すべき「特段の事情」が必要であるとの規範を定立した。

(iii)　平成16年決定の意義

共同相続人の1人が受取人となっている死亡保険金請求権については、契約者である被相続人が保険料を支払う一方で、受取人は被相続人の死亡を契機として死亡保険金請求権を取得するという実態があることから、特別受益の制度趣旨に鑑み、死亡保険金請求権が特別受益ないしこれに準ずるものとして取り扱うことをできるか、学説、実務上も議論されてきた。

民法903条の特別受益の制度趣旨は、前記（(2)参照）のとおり、遺贈または特定の贈与を受けた相続人の相続分から、遺贈または特定の贈与の額を控除することで、共同相続人間の不均衡を是正することにある（共同相続人の1人が、被相続人から、遺贈等を受けた場合、その者が他の共同相続人と同等の法定相続分

を受けることは、公平の見地のみならず、被相続人の意思という点からも問題とな
ろう）。

　平成16年決定は、前記学説上の議論が分かれていた下級審の判断に対し、死
亡保険金請求権または死亡保険金が原則として民法903条1項の特別受益には
該当しないとしたうえで、共同相続人間に民法903条の趣旨に照らし到底是認
することができない著しい不公平が認められる特段の事情が存在する場合に、
同条を類推適用し、特別受益に準じて持戻しの対象となるのが相当とすること
で、学説上の原則否定説の立場に立つことを明らかにしたことに意義があると
思われる。

　もっとも、保険金請求権が特別受益に該当するとしても、その持戻しは、具
体的相続分の算定において行われる計算上の処理にすぎず、特別受益とされた
生前贈与や遺贈の対象財産が相続財産に帰属するものではないことに注意が必
要である。この点で、平成16年決定は、前掲昭和40年判決や平成14年判決とも
矛盾するものではない。

　また、平成16年決定は「特段の事情」について、「保険金の額、この額の遺
産の総額に対する比率のほか、同居の有無、被相続人の介護等に対する貢献の
度合いなどの保険金受取人である相続人および他の共同相続人と被相続人との
関係、各相続人の生活実態等の諸般の事情を総合考慮して判断すべきである。」
としているが、基本的には、受け取る保険金の額や保険金が遺産総額に占める
比率等の客観的な事情により、著しい不平等が生じないかを判断し、さらに、
身分関係や生活実態等その他の事情からそれが公平を損なうか否かを判断する
ことになると解される[17]。

　平成16年決定の事案では、共同相続人の1人が受け取った死亡保険金が約
574万円であったのに対し、被相続人の遺産総額が約6400万円であったこと、
すでに成立していた遺産分割協議により、他の共同相続人も相当な額を取得し
ていること、その他の共同相続人らと被相続人との関係や生活実態等に照ら
し、「特段の事情」があるとまではいえないとし、本件における保険金請求権

17）土谷裕子・最判解説民平成16年度（下）631頁。

は、特別受益に準じて持戻しの対象とすべきということはできないと結論付けた。

「特段の事情」があるとして、持戻しが認められる場合にどのような額を持ち戻すかについて、平成16年決定は明らかにしていないが、実際に相続人が取得するのが保険金であり、平成16年決定においても保険金の額が相続人間の公平を考えるにあたっての考慮要素の一つとされていることからすると、保険金の額を基本として考えることが相当と思われる[18]。

(ⅳ)　平成16年決定後の裁判例

平成16年決定以後の下級審では、同決定が示した「特段の事情」に関する判断要素を踏まえ、死亡保険金請求権が、特別受益に準ずるものとして持戻しの対象となるかを検討している。

このうち、特別受益該当性を肯定するものとして、以下の2つの裁判例（東京高決平17・10・27家月58巻5号94頁、名古屋高決平18・3・27家月58巻10号66頁）がある。

(ア)　東京高裁平成17年10月27日決定

本件は、保険金受取人が、その保険料を受領したことによって、遺産の総額（約1億円）に匹敵する巨額の利益を得ていること、受取人である抗告人は被相続人と同居などしておらず、被相続人夫婦の扶養や療養介護を託する明確な意図も認められないことなどから、保険金受取人である相続人とその他の共同相続人との間に生ずる不公平が民法903条の趣旨に照らし、是認することができないとして、抗告人が受け取った死亡保険金は特別受益に準じて持戻しの対象となるとした。

(イ)　名古屋高裁平成18年3月27日決定

また、本件では、死亡保険金等の合計が約5000万円に及ぶ（これは相続開始時の価額の61％、遺産分割時の価額の77％を占める）ことや、被相続人とその後妻である保険金受取人との婚姻期間が3年5か月程度であることなどを総合的

---

18)　前掲注15)199頁。

に検討した結果、平成16年決定で示された「特段の事情」を認定し、死亡保険金は特別受益に準じて持戻しの対象となる旨判示した。

いずれの判決も、保険金額が高額に及ぶことや、相続人（受取人）と被相続人の関係（同居や介護の有無およびその期間）を重視しているものと思われる。

(ウ)　大阪家裁堺支部平成18年３月22日審判

他方、死亡保険金を特別受益に該当しないとした下級審判決としては、大阪家堺支審平18・３・22（家月58巻10号84頁）がある。

本事案は、共同相続人の１人が、被相続人の契約していた簡易保険に対する死亡保険金請求権を取得し、死亡保険金として約430万円を受領した事案である。

審判では、共同相続人の１人が受領した保険金が被相続人の相続財産の額の約６％にすぎないこと、受取人が被相続人と長年生活を共にし、被相続人の入院時の世話をしていたことなどの事情に鑑み、保険金を受領した相続人と他の相続人間に生ずる不公平が民法903条の趣旨に照らして到底是認することができないほどに著しいものであると評価すべき特段の事情が存在するとは認め難いとして、死亡保険金を持戻しの対象とすべきではないとした。

平成16年決定が示す「特段の事情」については、今後も裁判例の集積が待たれるところではあるが、前掲(ア)～(ウ)の裁判例からは、保険金額の相続財産に占める割合（高いほど「特段の事情」を認める傾向にあると考えられる）、保険金の受取人と被相続人との関係性（同居や介護の期間があり、それらが長いほど「特段の事情」を否認する傾向にあると考えられる）を重視していると思われる。

(v)　特別受益の主張をする際の留意点

死亡保険金請求権が民法903条の特別受益に該当するとして、その持戻しを主張するにあたり、いかなる点に留意すべきか。

特別受益の主張に関しては、当事者が任意に処分できる規定であることから、当時者がその主張・立証を尽くすべきであるとされる一方で、これらの主張は、当事者の強い心情が背景にあることから、調停委員において積極的に進

行整理を行うべきと考えられている[19]。

　これは、特別受益に関する主張が、単に金銭的な問題にとどまらず、被相続人と各相続人との間で、長年培われてきた不公平感や被害感情等を被相続人の死後に清算する手続であることから、法律的な要件を念頭に置くことなく、可能な主張をすべて特別受益または後述の寄与分として検討するためと考えられる。

　そのため、東京家裁では、当事者が特別受益の法的枠組みを理解し、的確な主張をするとともに、調停委員会においても、一定の判断が容易に可能となるように「特別受益ツール」を用意し、活用されている。

　具体的には、本書でも触れている、小遣いや生活費、学資、生命保険金、不動産の無償使用等のほか、死亡退職金、結婚の際の挙式費用、貸付金などが一般的に特別受益に該当するか否かを簡潔に説明した「特別受益Q&A」[20]などが用意されており、特別受益を主張する当事者において、その主張の要点と裏付け資料の有無を整理して提出し、特別受益を受けたとされる当事者が認否反論を容易に記載できるような仕組み作りがなされている[21]。

　裁判所が用意している「特別受益Q&A」には、前掲平成16年決定が示した規範を念頭に、生命保険金については、「原則として、特別受益に当たりません。ただし、例外的に遺産の全体からみて、保険金を受け取る相続人と受け取らない相続人との間の不公平がとても見逃すことができないほどにおおきいような特別の事情がある場合は、特別受益に準じた扱いになります。」との記載がある。

　このことからも、当該生命保険金を相続人の一人において受領することが、相続人間において著しく不公平と評価できるほどの「特別の事情」があることを、特別受益を主張する当事者において主張・立証することが求められているといえる。

19）小田ほか・判タ1418号14頁。
20）小田ほか・判タ1418号32頁。
21）小田ほか・判タ1418号34頁。

したがって、特別受益による持戻しを主張する側としても、平成16年決定が定立した規範を念頭に、受領した保険金の額や、その額が相続財産に占める割合、受取人と被相続人の関係性（同居や介護の有無およびその期間）などについて、これらを裏付ける資料とともに主張する必要があろう。

(5)　持戻し免除の意思表示

　特別受益に該当する遺贈や贈与は相続財産とみなされる（持戻し）が、被相続人が異なる意思表示（このような意思表示が「持戻し免除の意思表示」と称されている）をした場合には持戻しが免除される（民903条3項）。これは被相続人の意思を尊重する制度である[22]。

　持戻し免除の意思表示は、遺贈の場合には遺言と同様に特別な方式による必要があると解されているが[23]、生前贈与の場合には特別な方式による必要もなければ、黙示的な意思表示でも問題ないとされている[24]。

　なお、生前贈与の場合で明示的な持戻し免除の意思表示がなされていることはきわめて少ないと考えられるため、実務的には黙示的な意思表示の有無が争点となる。

　審判例（東京家審平12・3・8家月52巻8号35頁）によれば、持戻し免除の黙示的な意思表示を認めるためには、一般的に当該贈与相当額の利益を他の相続人より多く取得させるだけの合理的な事情のあることが必要であるとされており、実務的にも慎重な判断がなされている。

　具体的には、被相続人から相続人（二男）に対する土地建物購入代金の贈与の事実について跡継ぎとして同居していた相続人（二男）が相続人（長男）の復員を理由に別居を余儀なくされたための申し訳なさからの贈与であるとして、持戻し免除の意思表示を認めている審判例（鳥取家審平5・3・10家月46巻10号70頁）、被相続人たる夫から相続人たる妻に対する土地共有持分の生前贈

22）新版注釈民法⒆相続⑴278頁。

23）特別な方式によらないとする説について、片岡＝菅野・遺産分割・遺留分の実務287〜289頁。

24）新版注釈民法⒆相続⑴278頁。

与について相続人の資産状況や高齢の相続人等の事情を踏まえて持戻し免除の意思表示を認めている裁判例も存在する（東京高決平 8・8・26家月49巻 4 号52頁）。

　したがって、生前贈与がなされた経緯やその前後の事情も踏まえて持戻し免除の意思表示があったかを検討する必要がある。

(6)　持戻し免除の意思表示の推定に関する制度

　被相続人が配偶者に居住用財産を生前贈与した場合、当該贈与は特別受益に該当する可能性が高く、その場合には当該配偶者の具体的相続分が法定相続分よりも減額される。その結果、現金等の遺産に関する当該配偶者の取得額が大きく減少するため、高齢で収入のない配偶者の老後の生活が不安定となるおそれがあった。

　他方、被相続人が配偶者に居住用財産を生前贈与する場合、当該贈与は配偶者の被相続人に対する長年の貢献を評価して当該配偶者の老後の生活の安定を図るためになされることが多い。

　そのため、裁判実務でも、一定の場合に黙示的な持戻し免除の意思表示を認めて生前贈与を受けた配偶者の生活の安全を図っていた（前掲東京高決平 8・8・26等）。

　このような運用を踏まえて、民法改正で、婚姻期間が20年以上の夫婦の一方である被相続人が他の一方に対しその居住の用に供する建物または敷地を贈与した場合には、持戻し免除の意思表示が推定されるという規定が創設された（民903条 4 項）。なお、同規定はあくまで持戻し免除の意思表示を推定するものにすぎず、推定を覆す事実関係が認められる場合には同規定は適用されない。

3　寄　与　分

(1)　制度趣旨

　民法によれば、共同相続人中に、被相続人の事業に関する労務の提供、財産上の給付、被相続人の療養看護、その他の方法によって、被相続人の財産の維

持または増加について特別の寄与をした者があるときは、被相続人が相続開始の時において有した財産の価額から共同相続人の協議で定めたその者の寄与分を控除したものを相続財産とみなし、民法900条から902条までの規定により算定された相続分に寄与分を加えた額をその者の相続分とするとされている（民904条の2第1項）。

　寄与分の制度は、このように被相続人の財産の維持または増加に特別の寄与をした相続人の寄与分を相続財産から控除したうえ、当該相続人の相続分に寄与分を加えた金額を同人の相続分とすることで共同相続人間の不均衡を是正する制度である[25]。

(2)　要　　件

　寄与分の主張が認められるには、労務の提供等の方法で「被相続人の財産の維持又は増加について特別の寄与をした」（①寄与行為と被相続人の財産の維持または増加との因果関係および②特別な寄与）と認められる必要がある。

　なお、夫婦間および親族間には相互扶助義務が存在するため（民752条、760条、877条）、通常期待されうる程度の寄与にすぎないのであれば相互扶助義務の履行にすぎない[26]。したがって、②特別な寄与と認められるには身分関係や親族関係から通常期待される程度を超える寄与が必要となる。

　寄与分が問題となる事案は、家業従事型、金銭等出資型、療養看護型、その他（扶養型および財産管理型）といった類型に概ね分類されているため、本書においても、各類型において②特別な寄与の有無について検討する。

(3)　家業従事型

　相続人が家業である農業や商工業など被相続人の事業に従事した場合が想定されている。この類型で特別な寄与が認められるかについては、特別な貢献、無償性、継続性および専従性をもって検討される。

25）片岡＝菅野・遺産分割・遺留分の実務296頁。
26）新注釈民法(19)相続(1)298頁。

（ⅰ）　判断基準

（ア）　**特別な貢献**

相続人の労務の提供が被相続人との身分関係に基づいて通常期待される程度を越える貢献であることが必要とされている。

下記裁判例(ⅲ)(イ)のように繁忙期に休暇を取得して農業に従事していたり、新たな農機具を購入する等の積極的な関与がなされていた場合や下記裁判例(ⅲ)(ウ)のように被相続人の事業を経営の中心となって拡大した場合に特別な貢献と認められている。

（イ）　**無　償　性**

原則として相続人が無償で労務に従事している必要があるが、給与や報酬等で労務提供の対価を得ている場合であってもその対価が一般的な水準に比して著しく少額である場合には特別な寄与と認められる可能性がある。

また、相続人が給与や報酬等で労務提供の対価を得ていなかったとしても、代わりに相続人の生活費が被相続人によって援助されている場合にはその生活費の金額等も考慮して特別な寄与とは認められないと判断されることもある。

なお、下記裁判例(ⅲ)(エ)のように当該相続人が相応の収入を得ていた場合には基本的に特別な寄与があったとは認められないが、下記裁判例(ⅲ)(ウ)のように「当該相続人が無報酬又はこれに近い状態で従事したとはいえない」としつつも特別な寄与を認めている裁判例も存在するので注意が必要である。

（ウ）　**継　続　性**

相続人の労務の提供が一定以上の期間継続していることが必要である。

下記裁判例(ⅲ)(イ)および(ⅲ)(ウ)は労務の提供が数十年継続されていた事例であるが、必ずしも数十年の継続が必要であるということではない。

なお、東京家裁においては少なくとも３年程度が必要とされている[27]。

（エ）　**専　従　性**

労務の内容が片手間なものではなく、相当の負担を要する必要があるとされている。

27）小田ほか・判タ1418号37頁。

　下記裁判例(iii)(ア)では公務員として稼働しているのと並行して農業に従事していた相続人について「専業」と評価できないとされているが、裁判例(iii)(イ)のように他の勤務先に勤務しながら農業に従事していた場合であっても特別な寄与と認められる可能性がある。

(ii)　立証資料

具体的には、以下のような資料で立証する必要がある[28]。

> ①　経営状況のわかる資料（確定申告書）
> ②　給与の支払状況がわかる資料（給与台帳、給与明細書、給与振込口座の通帳等）

(iii)　裁 判 例

(ア)　大阪高裁平成19年12月6日決定

大阪高決平19・12・6家月60巻9号89頁

裁判所の判断

　被相続人の農業について、当該相続人が相続人間で最も農地の維持管理に貢献してきたことは否定できないが、公務員として稼働していたことと並行しての農業従事であったことを考慮すると「専業」として貢献した場合と同視することのできる寄与とまでは評価できないと言及されている。なお、同裁判例では、療養看護型や財産管理型の事情も併せて、遺産の15％の寄与分が認められている。

(イ)　大阪高裁平成27年10月6日決定

大阪高決平27・10・6判タ1430号142頁

裁判所の判断

　被相続人のみかん農業について、当該相続人が昭和55年頃以降、休日の昼間や繁忙期には休暇を取得して農作業を手伝っていたうえ、同人の勤務先が変わった平成16年頃以降は積極的に農作業に従事し、山畑のみかんの木を改植し、新たに農機具を取得する等していたこと、みかん畑として利用されている土地はみかん畑以外の利用法右方が考え難く、みかん農家が購入することが予想さ

---

28)　小田ほか・判タ1418号37頁。

れること等を理由に、当該相続人には「みかん畑を維持することにより遺産の価値の減少を防いだ寄与がある」として、「各土地の相続開始時の評価額の30パーセント」の寄与分が認められている。

㈡　福岡家裁久留米支部平成4年9月28日審判

福岡家久留米支審平4・9・28家月45巻12号74頁

裁判所の判断

被相続人の経営していた薬局事業について、相続人が、同事案を昭和46年頃から手伝い昭和56年からは被相続人に変わって経営の中心となり、昭和60年には法人化したうえ店舗を新設するなどして経営規模を拡大していたため、当該相続人が無報酬またはこれに近い状態で従事したとはいえないが、薬局経営による収入の途であった被相続人の「遺産の維持又は増加に特別の寄与貢献を相当程度したものと解される」として、遺産の32％強に当たる、3,000万円の寄与分が認められている。

㈢　札幌高裁平成27年7月28日決定

札幌高決平27・7・28判タ1423号193頁

裁判所の判断

被相続人の郵便局事業（簡易郵便局事業）について、相続人が同事業に従事していたが、平成18年までの業務主体が被相続人であったこと、相続人夫婦が月額25万円から35万円という相応の収入を得ていたこと、相続人夫婦は被相続人と同居し、家賃や食費は被相続人が支出していたこと等を理由に、相続人の郵便局事業への従事が「被相続人の財産の維持又は増加について特別な寄与をしたとは認められない。」と判断されている。

⑷　金銭等出資型

相続人が被相続人の医療費や施設入所費用を負担するなど財産上の利益を給付した場合が想定されている。この類型で特別な寄与が認められるかについては、特別な貢献、無償性をもって判断される。

（ⅰ）　判断基準

㈠　特別な貢献

財産上の利益の給付が被相続人との身分関係に基づいて通常期待される程度

を越える貢献であることが必要とされており、小遣い程度の少額の出費では到底認められない。

　下記裁判例(iii)のような高額な金額ではないとしても、相当程度高額な費用の支出が必要であろう。

(イ)　無　償　性

　財産上の利益の給付が無償または無償に近い状態でなされる必要がある。

　下記裁判例において実際に支出していた金額のうち無償の援助と評価すべき金額に限り特別の寄与があったと認められているように、支出した金額の全額ではなく、一部の金額に限り特別な寄与があったと認められる余地もあるので、注意が必要である。

(ii)　立証資料

　具体的には、以下のような資料で立証する必要がある[29]。

> ①　財産の内容に関する資料（不動産登記事項証明書、被相続人名義の預貯金通帳、家屋新築契約書、土地売買契約書）
> ②　支出した費用の内容に関する資料（納税通知書、家屋の改築などの請求書領収書、介護費用の請求書領収書、債務弁済の領収書等）
> ③　費用の支出を示す資料（預貯金通帳、振込明細書、領収書等）

(iii)　裁　判　例

高松高決平8・10・4家月49巻8号53頁

　　裁判所の判断

　被相続人や被相続人と経済的にきわめて密着した関係にある被相続人の経営する会社に対して、相続人が継続的に金銭的な援助をしていたことについて、約1億1000万円については対価のない無償の援助であったと評価しつつも、当該相続人が経営する病院の開院の際に被相続人の経営していた会社から資金提供を受けたりするなどの利益を受けていたことも考慮して遺産総額の20％の寄与分が認められている。

29）小田ほか・判タ1418号40頁。

(5)　療養看護型

　相続人が病気療養中の被相続人の療養看護に従事した場合が想定されている。この類型で特別な寄与が認められるかについては、療養看護の必要性、特別な貢献、無償性、継続性、専従性をもって検討されることになる。

(ⅰ)　判断基準

(ｱ)　療養看護の必要性

　①療養看護を必要とする症状であったことおよび②近親者による療養看護を必要としていたことが必要とされている[30]。

　したがって、被相続人が病院に入院していた場合または介護施設に入所していた場合の入院期間または入所期間は原則として特別な寄与とは認められない。

　なお、療養看護の必要性を検討するうえでは介護保険における要介護度が参考となる。実務的には「要介護2」（要介護認定等基準時間が50分以上70分未満またはこれに相当すると認められる状態）以上の状態にあることが一つの目安と考えられている[31]。

(ｲ)　特別な貢献

　相続人による療養看護が被相続人との身分関係に基づいて通常期待される程度を越える貢献であることが必要とされている。被相続人と同居していた相続人が家事を手伝っていたという程度では到底認められず、相当の負担があったと評価される必要がある。

　下記裁判例(ⅲ)(ｲ)では相続人が昼食と夕食を作り被相続人宅に届けるほか日常的な世話を行っていたという程度では特別な寄与とはいえないが、相続人が、被相続人が他の相続人の住所を訪問するときは往復とも付き添い、被相続人の排便にも対応することとなった場合には特別な寄与があったと認められている。また、下記裁判例(ⅲ)(ｳ)のように右半身不随となった被相続人の通院の付

---

30)　小田ほか・判タ1418号43頁。

31)　片岡＝菅野・遺産分割・遺留分の実務353頁。

添、入浴の介助などの日常的な介護にあたっていたうえ、被相続人の死亡前半年間は被相続人の毎晩の失禁を処理していた場合に特別な寄与があると認められている。

　(ウ)　**無　償　性**

　相続人が無報酬またはこれに近い状態で被相続人の療養看護をしていたことが必要であるが、相続人が得ていた対価が、一般的な介護報酬に比べて著しく少額であるような場合は特別な寄与と認められる可能性がある。

　他方で、無報酬またはそれに近い状態であっても、被相続人の資産や収入で生活していれば特別な寄与と認められない可能性もある。

　(エ)　**継　続　性**

　相続人による療養看護が相当期間継続していることが必要とされている。

　下記裁判例(iii)(ウ)は約13年間の療養看護がなされていたと認定されており、下記裁判例(iii)(ア)〜(イ)においても３年間以上の療養看護が認定されている。

　なお、東京家裁では少なくとも１年以上の期間が必要とされている[32]。

　(オ)　**専　従　性**

　相続人による療養看護の内容が片手間なものではなく、相当の負担を要するものであることが必要である。仕事の傍ら被相続人宅に通って介護していた場合は特別な寄与と認められないであろう。

　下記裁判例(iii)(ア)〜(ウ)においても相当の負担を要していたことがうかがわれる。

　(ii)　**立証資料**

　具体的には、以下のような資料で立証する必要がある[33]。

> ①　被相続人の症状、要介護状況に関する資料（要介護認定通知書、要介護の認定資料、診断書等）
> ②　療養看護の内容に関する資料（介護サービス利用票、介護サービスケ

32）小田ほか・判タ1418号43頁。

33）小田ほか・判タ1418号43頁。

　アプラン、施設利用明細書、介護利用契約書）
　③　入院期間がわかる資料（医療機関の領収書）

(iii)　裁　判　例

(ア)　大阪高裁平成19年12月6日決定

大阪高決平19・12・6家月60巻9号89頁

　　裁判所の判断

　被相続人が平成10年頃から認知症の症状が重くなり排泄等の介助も受けるようになり、平成11年には要介護2、平成13年には要介護3の認定を受けたため、相続人が平成10年頃からその死亡まで自宅で被相続人を介護した相続人の負担は軽視できないと言及されているが、家業従事型や財産管理型の事情も併せて、遺産の15％の寄与分が認められている。

(イ)　大阪家裁平成19年2月8日審判

大阪家審平19・2・8家月60巻9号110頁

　　裁判所の判断

　平成7年に被相続人の妻が死亡して以降、相続人の妻が昼食と夕食を作り被相続人宅に届けるほか日常的な世話を行っていたが、平成14年2月頃からは被相続人の認知症の症状が顕著に出るようになったため、相続人が3度の食事をすべて同人方で取らせるようになり、被相続人が他の相続人の住所を訪問するときは往復とも付き添い、被相続人の排便にも対応することとなったこと等を理由に、平成14年2月以降の当該相続人による被相続人に対する身上監護には特別の寄与があったと認められている。他方、それ以前の被相続人に対する日常生活上の世話は親族間の扶養協力義務の範囲のものであり特別の寄与とまではいえないと判断されている。

(ウ)　東京高裁平成22年9月13日決定

東京高決平22・9・13家月63巻6号82頁

　　裁判所の判断

　相続人の妻が、脳梗塞で倒れた被相続人の入院中の世話をしていたこと、退院後右半身不随となった被相続人の通院の付添い、入浴の介助などの日常的な介護にあたっていたこと、被相続人の死亡前半年間は被相続人の毎晩の失禁を処理していたこと、被相続人の介護に多くの労力と時間を要していたこと、介護が13年余りの長期間に渡って継続されていたこと等を理由に、被相続人の妻

による被相続人の介護は「同居の親族の扶養義務の範囲を超え、相続財産の維持に貢献した側面があると評価することが相当である。」として、200万円の寄与分が認められている。なお、相続人の妻は相続人の「履行補助者」として相続財産の維持に貢献したものと評価されている。

(6)　扶養型

相続人が被相続人を扶養した結果、被相続人が出費を免れた場合が想定されている。この類型で特別な寄与が認められるかについては、扶養の必要性、特別な貢献、無償性、継続性をもって検討されることとなる。

(i)　判断基準
(ア)　扶養の必要性

被相続人が実際に扶養を要する状態にあったことが必要となる。身体的にも経済的にも扶養の必要がない被相続人を相続人宅に引き取って、生活を援助していたという場合は到底認められない。

下記裁判例(iii)(イ)のように相続人の援助がなければ被相続人の生活が成り立っていなかったような事情が必要である。

(イ)　特別な貢献

相続人による扶養が被相続人との身分関係に基づいて通常期待される程度を越える貢献であることが必要とされている。

そのため、同居やそれに伴う家事分担や小遣いを渡したりする程度では到底認められない。

生活費等の金銭的な援助ということであれば、下記裁判例(iii)(ア)および(イ)のように相当程度の金額の援助が必要となろう。

(ウ)　無償性

相続人による扶養が無報酬またはこれに近い状態でなされていることが必要であるが、相続人が受領していた対価が通常の介護報酬に比して著しく少額であるような場合には特別な寄与と認められる可能性がある。

他方、相続人が被相続人名義の家に無償で居住している場合には特別な寄与と認められない可能性があり、特別な寄与が認められるとしても家賃相当額が

減額される可能性もある。

　㈎　継 続 性

　相続人による扶養期間が相当期間継続していることが必要である。

　裁判例(ⅲ)㋐においては20年以上の期間、裁判例(ⅲ)㋑においても10年以上の期間継続して援助がなされている。

(ⅲ)　立証資料

　具体的には、以下のような資料で立証する必要がある[34]。

> ①　扶養が必要とされる状況に関する資料（被相続人の非課税証明書、年金額決定・改定通知書、被相続人の毎月の収支の状況がわかる預貯金通帳）
> ②　扶養に要した費用に関する資料（家計簿、被相続人の預貯金の通帳、被相続人の生活に関わる各種明細書・領収書、金銭出納帳、振込明細）
> ③　扶養料を負担したことがわかる資料（預貯金の通帳、振込明細）

(ⅲ)　裁 判 例

㋐　長野家裁平成4年11月6日審判

長野家審平4・11・6家月46巻1号128頁

　裁判所の判断

　被相続人の生活について、相続人夫婦の収入のほとんどが被相続人の生活費に費やされていたこと、これが約20年以上に渡り及んでいたこと等を理由に、相続開始時における遺産の5％弱に相当する800万円の寄与分が認められている。

㋑　山口家裁萩支部平成6年3月28日審判

山口家萩支審平6・3・28家月47巻4号50頁

　裁判所の判断

　被相続人の生活について、相続人が、昭和54年4月頃までは毎月35,000円、その後被相続人が死亡するまでは毎月9万円を援助していたこと、被相続人の不動産の補修費用70万円を負担したこと、昭和51年8月被相続人の求めに応じ

---

34)　小田ほか・判タ1418号46頁。

て1300万円で居宅を新築し、被相続人が死亡するまでの間同居宅で無償で居住させていたこと、これに関する水道電気ガス代などの光熱費などの一切を負担したこと、被相続人が負担すべき公租公課を支払っていたこと等を理由に遺産の20%に相当する約423万円の寄与分が認められている。

(7)　財産管理型

　相続人が被相続人の財産を管理することによって被相続人の財産の維持形成に寄与した場合が想定されている。この類型で特別な寄与が認められるかについては、財産管理の必要性、特別な貢献、無償性、継続性をもって検討される。

(i)　判断基準
(ア)　財産管理の必要性

　被相続人の財産を管理する必要があったことが必要である。たとえば相続人が被相続人のアパートを定期的に掃除していたりしても、同アパートについて管理会社に管理を委託していた場合には必要性が認められない。

(イ)　特別な貢献

　相続人による財産管理が被相続人との身分関係に基づいて通常期待される程度を超える貢献であることが必要とされている。被相続人宅の庭先に生える雑草を季節ごとに刈り取ったという程度では特別な寄与とはいえない。

　下記裁判例(iii)(ア)は第一審敗訴の判決を逆転勝訴に導くための証拠収集などの相続人の努力が評価された珍しい例であるが、いずれにしても相当程度の労力を要することが必要となろう。

(ウ)　無　償　性

　相続人による財産管理が無報酬またはこれに近い状態でなされていることが必要であるが、相続人の受領していた対価が本来の管理報酬等に比べて著しく少額であるような場合には特別な寄与と認められる可能性がある。

　他方、無報酬またはそれに近い状態であっても、相続人が被相続人の資産や収入で生活していれば特別な寄与と認められない可能性がある。

　下記裁判例(iii)(イ)のように一定程度の労力を要していたとしても報酬を得ていた場合には特別な寄与と認められないであろう。

㈢　継　続　性

相続人による財産管理が相当期間継続していることが必要である。

(ii)　立証資料

具体的には、以下のような資料で立証する必要がある[35]。

> ①　財産管理に要した負担に関する資料（金銭出納帳、管理すべき賃貸不動産の状況がわかる賃貸借契約書、財産維持・増加のために起こした訴訟の訴状・判決書）
> ②　財産管理に要した費用を負担したことがわかる資料（寄与主張者の預貯金の通帳、寄与主張者の金銭出納帳、家計簿）
> ③　第三者への財産管理委託報酬がわかる資料（リフォーム業者の標準工事費用、シルバー人材派遣センターの基本料金、不動産管理会社の請負料）

(iii)　裁　判　例

㈠　大阪家裁平成６年11月２日審判

大阪家審平６・11・２家月48巻５号75頁

裁判所の判断

　被相続人の不動産に関する明渡請求訴訟について、相続人が、証拠の収集に奔走し第一審敗訴の結果を控訴審において逆転勝訴の結果を得たことを理由に、今日の遺産の存在についてその功績を無視することはできないとして遺産の10％の寄与分が認められている。

㈡　大阪家裁平成19年２月８日審判

大阪家審平19・２・８家月60巻９号110頁

裁判所の判断

　被相続人の駐車場の管理について、当該相続人が平成13年２月頃から対応していた駐車場の清掃、苦情への対応、顧客離れを防ぐための賃料の減額等を

35）小田ほか・判タ1418号49頁。

行っていたが、当該相続人は平成14年1月から駐車場管理の報酬として月額5万円の取得していたことを理由に、特別の寄与があるとまで認めるのは困難であるとしている。

(ウ)　大阪高裁平成19年12月6日決定

> 大阪高決平19・12・6家月60巻9号89頁
>
> ### 裁判所の判断
>
> 被相続人の所有する建物の補修費について、相続人が同修繕費を支出したが、同建物に居住する当該相続人も相応の利益を受けていること等を理由に支出額に即して寄与分を評価することが適切でないと言及されているが、家業従事型や療養看護型の事情も併せて、遺産の15％の寄与分が認められている。

4　特別の寄与の制度

　民法では寄与分を主張することが可能な者が相続人に限定されている（民904条の2第1項）。そのため、被相続人の子の配偶者等の相続人ではない者が、被相続人の介護に尽くしており、それが特別な寄与と認められる程度のものであったとしても、相続人ではない者は被相続人の財産について寄与分を主張することができない。改正前民法では、このような者を保護する規定がなかったため、民法の改正でこのような者を保護するため特別の寄与の制度が創設された。具体的には、被相続人に対して無償で療養看護その他の労務の提供をしたことにより被相続人の財産の維持または増加について特別の寄与をした被相続人の「親族」は、相続人に対し、寄与に応じた額の金銭（特別寄与料）を請求することが可能となった（民1050条1項）。

　これまで相続人ではない者の寄与に関しては、相続人の履行補助者による寄与として評価される例もあったが、今後は創設された特別の寄与の制度が活用されることが期待されている。

　なお、東京家裁では特別の寄与の制度に関する資料も特別受益や寄与分に関する資料と同様に用意されているようである[36]。

---

36)　東京家裁・家判号外125〜146頁。

Ⅵ　遺産の分割における保険の取扱い

1　保険金請求権の権利帰属

1　原　　則
　受取人の固有の財産として扱われる。そのため、遺産の範囲には含まれないことから、相続放棄や相続分の譲渡等を行ったとしても影響はなく、受取人の固有の権利として行使することができる。

　もっとも、相続人全員が遺産に含めることに同意した場合には、遺産分割の対象とすることは可能である。

(2)　例　　外
　受取人欄に記載がなく、かつ約款にも規定がない場合や満期保険金請求権の場合、あるいは受取人が被相続人自身の場合には、遺産となる。

2　判　　例

(1)　保険金受取人を相続人とした場合の取得割合

最判平 6・7・18民集48巻 5 号1233頁

問題の所在

　保険金受取人が「相続人」と指定されている場合に、相続人の権利は相続分の割合による権利を有するのか、それとも平等の割合によるのか。

事案の概要

　AはY社との間で被保険者をAとして保険契約を締結した。

　申込書に受取人の記入はなく、「相続人となる場合には記入不要です」という注記が印字されていた。証券の受取人欄には「法定相続人」という文字が記入されていた。保険契約締結後、事故によりAが死亡した。Aの相続人は夫Xと、兄弟姉妹Nら計10名である。Yは死亡保険金を10名の相続人に100万円ず

つ支払った。Xの法定相続分は４分の３であったためXがYに対し、法定相続分相当額の650万円の保険金の支払いを求める民事訴訟を提起した。

　最高裁判所の判断

　保険契約において保険契約者が死亡保険金の受取人を被保険者の「相続人」と指定した場合は、特段の事情のない限り、右指定には相続人が保険金を受け取るべき権利の割合を相続分の割合によるとする旨の指定も含まれ、各保険金受取人の有する権利の割合は相続分の割合になる。

　検　討

[1]　保険契約者が保険金受取人として「相続人」を指定する場合は、他人のためにする保険契約となり、「相続人」とは保険金請求権発生当時の相続人と理解されている。ここでの相続人の取得割合が相続分となるのか平等の割合になるのかが問題とされた。

　　本判決は、上記の問題につき、相続分の割合によると判断した。

[2]　死亡保険金受取人が「相続人」と指定されているものの保険金請求権の取得割合の指定がない場合は、特段の事情がない限り、「相続人」という指定には「相続分によって分割する」旨の意思表示が含まれていると解されているため、相続分の割合に基づき死亡保険金を相続人に支払うことになる（民427条。別段の意思表示）と解される。

[3]　本件は保険契約申込書に、保険契約者が保険金受取人を指定しない場合に相続人を保険金受取人とする定型文句が記載されていた事例であり、このような定型文句が記載されていない場合に、平成６年最高裁の射程が及ぶかは問題となりうる。実務上は反対の意思表示を保険契約者がしていない限り、相続分の割合で取得割合を算定するものと考えられる。

(2)　保険契約者の死亡時に保険金受取人と指定された者がすでに死亡していた場合

　最判平５・９・７民集47巻７号4740頁

　問題の所在

　保険契約者が死亡したが、受取人として指定された者がすでに死亡しており、受取人の変更もなされていなかった場合、誰がどのような割合で保険金を

受け取ることになるのか。

事案の概要

　AはY社との間で母Bを受取人として保険契約を締結した。Bが死亡した後、Aが受取人を再指定することなくAも死亡した。Bの相続人はAとXで、Aの相続人はXほかNらがいる。Xは、自らが受取人に確定したとして、保険金支払いを求める民事訴訟を提起した

最高裁判所の判断

①　商法676条2項「保険金額を受け取るべき者の相続人」とは、保険契約者によって保険金受取人として指定された者の法定相続人または順次の法定相続人であって被保険者の死亡時に生存する者をいう。

②　保険契約者によって保険金受取人として指定された指定受取人の死亡後に、指定受取人の法定相続人の1人である保険契約者が受取人の再指定をしないまま死亡した場合の商法676条2項の適用により、指定受取人の法定相続人が保険金受取人となる。

③　生命保険の指定受取人の法定相続人と順次の法定相続人とが保険金受取人として確定した場合の各保険金受取人の権利の取得割合とは民法427条の適用により平等の割合になる。

検　討

①　本判決は、保険契約者が死亡したが、保険金受取人として指定された者がすでに死亡しており、受取人変更もなされていなかった場合、指定受取人の法定相続人が平等の割合で保険金請求額を取得すると判示した。

②　本判決は保険法施行前商法の事案であり、現在は保険法46条「保険金受取人が保険事故の発生前に死亡したときは、相続人の全員が保険金受取人となる」によって、保険金受取人が死亡したときは相続人が受取人となることが明らかにされている。

③　保険法46条は、受取割合を定めていないが、原則として、民法427条が適用され、均等割合になる。もっとも、保険法46条は任意規定とされているので、当事者間の約定すなわち約款に定めを置くことで、別段の扱い、たとえば、相続人が相続割合で保険金請求権を取得することが可能である。

(3)　小　　括

　両判例の相違点は、被相続人の死亡時に保険金受取人が「相続人」と指定されていたかどうかであり、「相続人」と指定されていた場合は、特段の事情がない限り相続分の割合によることになる。「相続人」として指定されず、指定された特定の受取人が死亡していた場合は、原則どおり民法427条に基づき均等割合になる。

　このような相違が生じる理由は、結局のところ保険契約者の合理的意思解釈の問題であると考えられる。保険金受取人を「相続人」ではなく特定の者を指定し、その者がすでに死亡していた場合、特定の者に保険金を受取人とする保険契約者の意思は存在しないので、相続人全員が受取人にならざるをえず、分割債権として、均等割合となる（民427条）。これに対し、受取人が「相続人」と指定された場合、特段の事情がない限り、保険契約者は保険金を相続割合に従って相続人は相続させるつもりであったといえるから、相続分を指定する保険契約者の意思も含まれたと考えられ、民法427条の「別段の定め」として、例外的に相続割合に従うことになると考えられる。

3　保険金請求と関連する相続の問題

(1)　戸籍の確認による相続人の調査が必要であること

　受取人が指定されている場合には、保険者は、受取人に対して支払いをすればかまわない。しかし、受取人が被保険者の相続人あるいは保険法46条に該当する場合、相続人を確定する必要があり、二重払いを防ぐためにも戸籍謄本で相続人の範囲を確認する必要があることから保険者は必要書類に指定したり、約款等に戸籍謄本確認後に支払う旨の期限が設定されている。

　もっとも、相続法改正により法定相続情報証明制度が採用されたことから、かかる書類によって代替することも考えられる。

(2)　保険金受取人に関する問題

　受取人について、受取人欄の記載がないあるいは受取人記載の受取人が亡く

なった場合には、保険金の支給を誰にすればよいかが問題となる。

(i)　受取人の指定がない場合の受取人

　保険金受取人の欄が空欄であることから、保険契約者自身を受取人にしているという考え方や被保険者が保険契約者である場合は、相続人を保険金受取人に指定したものと推定される場合もある。

　ただ、現在において約款上、受取人の記載がない場合には、相続人とするということが定められているためこの問題はほとんど生じえない。

(ii)　受取人が死亡もしくは行方不明な場合

(ア)　受取人が死亡した場合

　保険法46条では「保険金受取人が保険事故の発生前に死亡したときは、その相続人の全員が保険金受取人となる。」と規定されている。かかる規定に従い、受取人の相続人が受取人となる。

　また、契約締結時から事故発生まで相続人が変動した場合でも、保険契約者の意思を合理的に解釈して、保険事故発生時の相続人を受取人と判断している（最判昭40・2・2民集19巻1号1頁）。なお、相続人が不存在となる場合には、保険契約者の自己のためにする契約になると考えられることから、保険契約者が保険金受取人となる。

　また、取得割合について、約款に記載があればそれに従い、なければ前述2の判例を踏まえて、相続分割合か均等割合で定まるかを確認する必要がある。

　なお、保険金受取人と被保険者が同時死亡の場合は、保険法46条が直接適用される場面ではないことから、問題となる。最判平21・6・2（民集63巻5号953頁）によれば、同時死亡の場合には相続は生じないという民法の考え方に従って、保険金受取人の相続人が受取人となり、被保険者の相続人は受取人とならない。

(イ)　受取人が行方不明の場合

　①不在者財産管理人が選任されている場合には、不在者財産管理人に保険金を支払えばよい。ただし、後に不在者の帰来により選任が取り消される可能性

もあることから、選任の効力が維持されているか確認するため、なるべく最新の資格証明書を取得し確認する必要がある[1]。

　②受取人が複数人いる場合においてそのうち数名が行方不明の場合、約款上は代表者規定があるので、代表者を定めてもらい、代表者を相手方とするのが望ましい。

(iii)　遺産分割協議に従って保険金請求をしてきた場合

　相続財産ではないことから、二重払いの危険を防止するために基本的には受取人に支払うべきである。もし、行うのであれば、受取人に交付するもしくは相続人間で代表者を定めそのものに支払うべきである。

4　保険金を遺産に含めた場合の取扱い

　遺産分割協議の段階的進行モデルに従うと、遺産の範囲の段階において、相続人全員の同意があれば、保険金を遺産の範囲に含めることはできる。そこで、以下では、遺産の範囲に含めた場合を仮定して述べる。

(1)　調停条項

　調停条項には以下のとおりに反映することが考えられる。

(i)　確認条項

　「当事者全員は、保険金○○を、本件遺産分割の対象とすることを確認する。」

(ii)　分割条項

　「○○は、第○項記載の保険金のうち、○分の1を取得する。」

---

1 ）斎藤輝夫監修『Q&A家事事件と保険実務』（日本加除出版、2016）171頁。

(iii)　相　続　人

　相続人○○（受取人として定められたもの）は、本調停成立後すみやかに保険会社に請求手続を行う。そして、受け取った保険金について、前記の各条項に定められた割合に従い、各相続人のそれぞれの指定する口座に送金して支払う。

(2)　保険会社への対抗方法

(i)　受取人の変更

　保険法43条によると、被相続人が死亡しすでに保険事故が発生していることから、受取人の変更はできない。そのため、保険者である保険会社は、受取人として記載されたものに対して支払う。そのため、遺産分割協議の内容を保険者である保険会社に対抗することはできない。

(ii)　強制執行

　そのため、分割の割合を定めるのみならず、上記３(2)(iii)のように給付条項を定めなければならない。なお、遺産分割協議および遺産分割調停で合意した内容について相手方が履行しない場合には、解除することはできない。そのため、強制執行による方法しか実現の手段はないことから、かかる点に注意する。

5　生命保険契約の契約者たる地位の相続

(1)　事　　　例

　保険契約者が被相続人、被保険者が被相続人の配偶者A、受取人が被相続人の直系卑属である子供の保険において、被相続人が死亡した場合の保険契約の存否について述べる。

(2)　検　　討

(i)　総　　論

保険契約者の死亡により、他に相続人がいない場合または遺言により特定の者が保険契約者としての地位を単独取得する場合等を除き、遺産分割が完了するまで保険契約者の地位は相続人全員の準共有となる。そのため、保険契約は遺産分割の対象となる。

(ii)　生命保険の場合

(ア)　保険契約者

約款によると、保険契約者が複数人の場合には、代表者を 1 人に定めることを求められる。この場合の、代表者の法律上の立場は民法上の代理人である。

あるいは、被保険者の同意および保険会社の同意を得たうえ、遺産分割協議で保険契約者を 1 人に定める必要がある（東京地判平23・ 5 ・31保険契約者名義書換等請求事件）。そして、その後、定まった内容について保険会社に通知する必要がある。

(イ)　保険料支払債務

保険会社の約款には、連帯責任の規定が定められていることから、相続人のいずれか 1 人に請求することができる。また、理論的にも、保険料債務については、賃料支払債務は不可分債務（大判大11・11・24大民集 1 巻670頁）とされていることから同様に、不可分債務に当たると考えられうる[2]。もしくは、遺産分割協議において遺産分割協議で 1 人に定めるまでは、遺産の管理費用として、遺産の中から支出することを同意したうえで、遺産分割協議をすることも考えられる。

(ウ)　解　　約

将来の保障を失うものであり、変更行為であることから、相続人が複数の場合には相続人全員の同意が必要である（民264条、251条）。

---

2 ）斎藤監修・前掲注 1 ）162頁。

(ⅲ)　**損害保険（火災保険）の場合**

㋐　**保険契約者**

生命保険と同様に考えるべきである。

㋑　**保険料支払債務**

生命保険と同様に考えるべきである。

㋒　**解　　約**

生命保険と同様に考えるべきである。

6　受取人の死亡

(1)　**原　　則**

　保険契約者は保険事故が発生するまでは、保険金の受取人の変更をすることができる（保険法43条1項）。

(2)　**意思表示の相手方**

　保険者に対して行う必要がある（保険法43条2項）。保険者に限定した趣旨は、保険法施行前商法下の判例（最判昭62・10・29民集41巻7号1527頁）によれば、新旧保険金受取人に行えば足りたところ、保険者に通知されていないことから対抗できず、旧保険金受取人に対して支払えば足りた。しかし、このような場合には新旧保険金受取人間で紛争が生じることからそれを防止するため、保険者に限定した。なお、この規定は強行規定である。

(3)　**効　　果**

　発送時に遡って、効力が生じる（保険法43条3項）。

(4)　**遺言による場合**

　遺言によっても受取人変更ができる（保険法44条1項）。もっとも、二重払い防止の観点から、効力が生じた後保険契約者の相続人によって保険者に対し通知する必要がある。

(5)　死亡保険の場合

　モラルリスクや賭博保険の防止の観点から、死亡保険の場合被保険者の同意を必要とする（保険法45条）。

第 3 章

遺留分侵害額請求における保険の取扱い

Ⅰ　遺留分の算定

1　遺留分と遺留分権利者

　遺留分とは、一定の法定相続人についてその生活保障を図るなどの趣旨で、被相続人が有していた財産から、一定割合の承継を可能とする制度である。遺留分を有する相続人（遺留分権利者）は、兄弟姉妹以外の相続人、すなわち、被相続人の配偶者、子、直系尊属である（民1042条）。

2　遺留分と遺留分割合

⑴　遺　留　分

　遺留分の額を求める計算は、民法1043条1項に規定する遺留分を算定するための財産の価額に、それぞれ該当する遺留分割合を乗じた額と明確に定めた。

> 遺留分＝「財産の価額」×遺留分割合

⑵　遺留分割合

　遺留分割合は、次のとおりである。

> ①　直系尊属のみが相続人である場合：被相続人の財産の3分の1（民1042条1号）
> ②　それ以外：被相続人の財産の2分の1（民1042条2号）

　また、相続人が複数ある場合には、上記遺留分割合に、各自の法定相続分（民900条、901条）を乗じた割合となる。したがって、たとえば、相続人が配偶者、子3人の場合は、以下のように計算されることになる。

> 配偶者：1／2×1／2＝1／4
> 　子　：1／2×1／3×1／2＝1／12

3　遺留分の算定

(1)　遺留分を算定するための財産の価額

　改正法では、改正前の1029条に対応する1043条1項において「遺留分を算定するための財産の価額」との見出しに改めたうえ「遺留分を算定するための価額」の算定方法を「遺留分を算定するための財産の価額にその贈与した財産の価額を加えた額から債務の全額を控除した額とする。」と明確に定めた[1]。

> **遺留分を算定するための財産の価額を求める計算式**
>
> 　被相続人が相続開始の時において有した財産の価額＋贈与した財産の価額－債務の全額（民1043条1項）

4　遺留分算定の対象となる贈与

(1)　遺留分算定の対象となる贈与

　被相続人が生前に贈与した財産は、遺留分の算定の対象となる。なお、その財産の価額については、当該財産が滅失しまたはその価格の増減があったときであっても、相続開始の時においてなお原状のままであるととみなしてこれを定める（民1044条2項、904条）。

　もっとも、遺留分算定の対象財産となる贈与となるかどうかは、次のとおり、贈与を受けた時期によって異なり、時間的な制限を受ける。

(i)　相続人以外の第三者が贈与を受けた場合（民1044条1項）

　相続人以外の者が贈与を受けた場合は、遺留分を算定するための財産の価額に含める生前贈与は、原則として相続開始の1年前に限られる（民1044条1項）。これは、改正前の1030条に対応するものである。

1）遺留分侵害額の算定において、合資会社無限責任社員の被相続人が（会社に）金員支払債務を負うか否かが争われた遺留分減殺請求事件（最判令1・12・24民集73巻5号457頁）がある。

(ii)　相続人に対する贈与

(ア)　相続開始前の10年間にされた贈与であること

改正前民法の判例および実務においては、相続人に対して生前贈与がされた場合には、その時期を問わず原則としてそのすべてが遺留分を算定するための財産の価額に算入されると考えられてきた。

しかし、過去に限りなく遡れるとなると、通常、受遺者や受贈者は、相続人に対する古い贈与の存在を知りえないのが通常であるため、制限なく過去に遡れるとなると、不測の損害を与え、法的安定性を害する可能性がある[2]。

そこで、改正法においては、相続人に対する生前贈与の時間的制限に関する規律を新たに設け、原則として、相続開始前の10年間にされたものに限り、遺留分を算定するための財産の価額に含めることとした（民1044条3項において読み替えて適用される同条1項前段）。

(イ)　婚姻のため、生計の資本として受けた贈与

改正法の下、遺留分請求の対象となる相続人に対する贈与の範囲は、婚姻のため、生計の資本として受けた贈与に限定された（民1044条3項の規定により読み替え）。

改正前の実務においても、改正前の1044条が903条を準用していたことから、遺留分算定の対象となる財産に算入されるのは原則として特別受益に該当する贈与に限られると考えられていた。この点は改正法でもそのまま引き継がれ、相続人に対する贈与については、婚姻のため、生計の資本として受けた贈与に限定されることが明確化された（民1044条3項の規定により読み替え）。

なお、第三者に対する贈与についてはこのような限定はなく、すべての贈与が遺留分算定の対象となりうるところ、相続人に対する贈与についても、相続開始前1年以内にした贈与であればすべての贈与を含めてよいかという問題が生じる。

しかし、相続人に対する贈与と第三者に対する贈与とでは意味内容が異なること、相続人に対する贈与については特別受益に限定する相応の理由があり、

2）概説改正相続法119頁・120頁。

また、1年以内の贈与についてはすべての贈与、1年超10年以内の贈与については特別受益に該当する贈与に限ることとなり、贈与の時期によって計算の対象とするか否かを区別しなければならず、遺留分に関する争点を増やすことになり、いたずらに紛争を複雑化させるおそれがあることを根拠に、民法1044条3項において、相続人に対する贈与については、その時期にかかわらず（すなわち1年以内の贈与であっても）、特別受益に該当する贈与に限り、遺留分を算定するための財産の価額に含めることとした[3]。

(2)　遺留分権利者に損害を加えることを知ってされた贈与

上述のとおり、遺留分を算定するための財産に該当するかどうかは、贈与の時期によって異なり、時期的な制限がある。もっとも、被相続人を受贈者の当事者双方が遺留分権利者に損害を加えることを知ってされた贈与については、第三者に対する贈与については1年よりも前に贈与した財産、相続人に対する生前贈与については10年よりも前にされた贈与についても、遺留分を算定するための財産に算入される（民1044条1項後段）。

このような害意がある場合は、受遺者の保護を図る必要がないからである。

(3)　持戻し免除の意思表示がある場合の特別受益

特別受益となるような贈与について持戻し免除の意思表示がある場合（当該贈与に係る財産の価額を相続財産に算入することを要しない旨の意思表示）、遺産分割においても特別受益は遺留分算定のための財産に算入されるか。

最一小決平24・1・26（判時2148号61頁・家月64巻7号100頁）において、公正証書遺言において、特別受益に当たる贈与について、被相続人がいわゆる持戻し免除の意思表示をしていたものについて、同意思表示について遺留分減殺請求（判決当時）された場合、当該贈与に係る財産の価額は、上記意思表示が遺留分を減殺する限度で、遺留分権利者である相続人の相続分に加算され、当該贈与を受けた相続分から控除されるとした。

3）部会資料24-2・34頁。

したがって、仮に特別受益に当たる贈与について持戻し免除の意思表示がされていたとしても、当該贈与は、遺留分算定の対象財産に算入される。

(4)　負担付贈与

　負担付贈与も遺留分を算定するための財産の価額に含まれるところ、改正前民法下では遺留分を算定するための財産の価額に算入される価額について、学説上、見解の統一がなかった。

　そこで、改正法では、負担付贈与がされた場合における遺留分を算定するための財産の価額に算入する贈与した財産の価額は、その目的の価額から負担の価額を控除した額と改められた（民1045条1項）。

　これによって、遺留分を算定するための財産の価額を算定するにあたって、負担の価額を控除することが明らかにされた。

(5)　不相当な対価による有償行為

　不相当な対価をもってした有償行為は、当事者双方が遺留分権利者に損害を与えることを知ってしたものに限り、当該対価を負担の価額とする負担付贈与とみなすとした（民1045条2項）。

5　共同相続人間においてされた相続分の譲渡と遺留分

(1)　相続分の譲渡

　共同相続人間においてされた無償による相続分の譲渡があった場合、上記譲渡をした者の相続において、同相続分の譲渡が、民法903条1項に規定する「贈与」すなわち特別受益となるか。これについて、最二小判平30・10・19では、共同相続人間においてされた無償による相続分の譲渡は、譲渡に係る相続分に含まれる積極財産および消極財産の価額等を考慮して算定した当該相続分に財産的価値があるといえない場合を除き、上記譲渡をした者の相続において、民法903条1項に規定する「贈与」に当たるとし、相続分の譲渡が特別受益となることを認めた。

最二小判平30・10・19民集72巻5号900頁

　事案の概要

　亡Bの法定相続人は、亡A、X、Y、CおよびDの4名であったところ、亡
A及びDは、亡Bの遺産分割調停手続（一次相続）においてYに相続分を譲渡
した。その後、亡Aの相続につき、Xが、Yに、上記相続分の譲渡によって遺
留分を侵害されたとして、Yが一次相続で取得した不動産の一部について遺留
分減殺を原因とする所有権移転登記手続等を求めた。

　最高裁判所の判断

　これについて、最高裁判所は「相続分の譲渡は、譲渡に係る相続分に含まれ
る積極財産及び消極財産の価額等を考慮して算定した当該相続分に財産的価値
があるとはいえない場合を除き、譲渡人から譲受人に対し経済的利益を合意に
よって移転するものということができる。」としたうえで、「したがって、共同
相続人間においてされた無償による相続分の譲渡は、譲渡に係る相続分に含ま
れる積極財産及び消極財産の価額等を考慮して算定した当該相続分に財産的価
値があるとはいえない場合を除き、上記譲渡をした者の相続において、民法
903条1項に規定する「贈与」に当たる。」と判示した。

　これによって、相続分の譲渡について、民法903条1項に規定する「贈与」
に当たるとして、遺留分の算定の基礎となる財産にその価額が持ち戻されるこ
とが明らかにされた。

⑵　遺留分の算定における相続分の譲渡の価額の算定

　相続分の譲渡が遺留分請求額の算定とされた場合の具体的な請求額の算定に
ついては、東京高判平29・7・6が参考となる。

東京高判平29・7・6判時2370号31頁

　事案の概要

　この事案では、母Bの相続に関し、父Aの相続の際に母の法定相続分を子Y
に譲渡したことが遺留分減殺の対象となるとして、Xが遺留分減殺請求権（当
時）を行使した事案である（XおよびYは、AおよびBの子である）。

　裁判所の判断（　）内は筆者注

　本判決では、「亡父の相続における控訴人（相続分譲渡を受けた子）（Y）の
相続分6分の5のうち、被相続人母から譲渡された相続分は6分の3であるか

ら、控訴人の取得した亡父の財産のうち５分の３が被相続人母から譲渡された部分である（計算式：３／６÷（２／６＋３／６）＝３／５）。控訴人は、本件相続分譲渡後の控訴人の包括的な割合的持分６分の５に対応するものとして遺産分割により原判決別紙記載の亡父の財産を具体的権利として取得したところ、被控訴人ら（Ｘ）は、その５分の３に被控訴人らの遺留分各６分の１を乗じた各10分の１を遺留分減殺により取得することになる。」とし、算定した。

6　生命保険金と遺留分

　遺留分請求における保険の取扱いはどうなるのか、すなわち生命保険金請求権ないし生命保険金は遺留分を算定するための財産の額に含まれるのか。

(1)　相続財産の一部を構成する財産
　死亡保険金請求権は、相続財産の一部を構成する財産となるのか。

(i)　受取人が指定されていない場合や被相続人自らを受取人として指定していた場合
　保険金の受取人が指定されていない場合や被相続人自らを受取人として指定していた場合には相続財産となり、遺留分算定の際の積極財産に算入されることについて争いはない。

(ii)　受取人に第三者が指定されている場合
　上記に対して、保険金の受取人に第三者が指定されているときは、生命保険金請求権は保険金受取人固有の権利であり、相続財産性は否定されている（最三小判昭40・2・2民集19巻１号１頁）。

(2)　遺留分請求の対象財産
　では、生命保険金請求権が相続財産を構成しないとしても、民法1044条の「贈与」として、遺留分算定に算入される財産となるか。
　この問題について、最一小判平14・11・5では、死亡保険金受取人の変更

は、遺留分侵害額請求権の算定上、贈与またはこれと同視すべき無償の死因処分とみるべきではないと判示した。

　これは、被相続人が自己を被保険者とする生命保険の契約者が死亡保険金の受取人を相続人である配偶者から被相続人の父に変更した行為が改正前民法1030条（民1044条1項）に規定する遺贈または贈与に当たるかどうかが争われた事案であり、保険金受取人の変更が、遺留分侵害額請求権の算定上、贈与またはこれと同視すべき無償の死因処分とみるべきかが争点となった。

最一小判平14・11・5民集56巻8号2069頁

事案の概要

　Ａ（被相続人）には、妻Ｘ1との間にＸ2およびＸ3がいた。Ａは、Ａを被保険者とする生命保険契約（終身保険、死亡保険金2000万円）を締結していた。また、Ａの勤務先である社団法人Ｂも、Ａを被保険者とする団体定期保険契約（死亡保険金1500万円）を締結していた。各保険の死亡保険金受取人は当初Ｘ1と指定されていた。

　しかし、その後、Ａと妻Ｘ1が不仲となり、Ａは、各保険死亡保険金受取人を父Ｙに変更した。また、Ａは、Ａ所有の財産をすべてＹに遺贈する旨の遺言をした。

　そこで、Ｘらは、Ｙに対し、①主位的に、保険金受取人の変更が権利の濫用として無効であるとしてＸ1が各死亡保険金の支払請求権を有することの確認を求め、②予備的に、本件保険金受取人の変更が死因贈与またはこれと同視すべき無償の死因処分とみるべきとして、これについて遺留分減殺請求（現在の遺留分侵害額請求権）を行使したとして遺留分に相当する各死亡保険金の支払請求権を有することの確認を求めたものである。

　一審および原審では、①の権利濫用および②の予備的請求についていずれも棄却した。これに対して、Ｘらは、予備的請求である遺留分減殺請求の棄却部分について上告受理申立てをした。

最高裁判所の判断

　上告審では、次のとおり判示して、死亡保険金受取人の変更は、遺留分侵害額請求権の算定上、贈与またはこれと同視すべき無償の死因処分とみるべきではないと判断した。

　「自己を被保険者とする生命保険契約の契約者が死亡保険金の受取人を変更する行為は、民法1031条に規定する遺贈又は贈与に当たるものではなく、これに

準ずるものということもできないと解するのが相当である。けだし、死亡保険
金請求権は、指定された保険金受取人が自己の固有の権利として取得するので
あって、保険契約者又は被保険者から承継取得するものではなく、これらの者
の相続財産を構成するものではないと言うべきであり、また、死亡保険金請求
権は、被保険者の死亡時に初めて発生するものであり、保険契約者の払い込ん
だ保険料と等価の関係に立つものではなく、被保険者の稼働能力に代わる給付
でもないのであって、死亡保険金請求権が実質的に保険契約者または被保険者
の財産に属していたものと見ることもできないからである。」として受取人変更
行為を遺留分減殺請求の対象とすることはできないと判示した。

検　討

　本上告審判決によって、自己を被保険者とする生命保険の契約者が死亡保険
金の受取人を変更する行為は遺留分請求の対象とならないと判断されたとこ
ろ、これは死亡保険金の受取金を指定する場合においても同様と考えられ
る[4]。

　本判決は、生命保険金の受取人を相続人以外の者に変更された場合の事案で
あり、同受取人を相続人と指定または変更する行為が行われた場合についてま
でただちに及ぶものではないと考えられている[5][6]。

　すなわち、共同相続人が保険金受取人に指定された場合、これを特別受益と
して遺留分算定の対象財産に算入することはできるのかは別に検討する必要が
ある。

---

4 ）最判解説民平成14年度（下）941頁。

5 ）最判解説民平成14年度（下）941頁・942頁において、「本判決は、自己を被保険者とする生
　命保険の契約者が死亡保険金の受取人を変更する行為は民法1031条（改正前民法）に規定
　する遺贈又は贈与に当たるものではないとしており、自己を被保険者とする生命保険の契
　約者が死亡保険金の受取人を契約者の共同相続人の1人に変更（死亡保険金の受取人とし
　て共同相続人の1人を指定）した場合に、死亡保険金請求権が、民法903条が同法1044条
　（改正前民法）で遺留分に準用されることで遺留分減殺請求の対象になる特別受益に該当
　するか否かについては射程が及ばないことを明らかにしたものと思われる。」とする。

⑶　生命保険金請求権の特別受益該当性

　共同相続人が生命保険金の受取人に指定された場合、これを民法903条の特別受益として1044条により遺留分請求の対象とする余地がないか。

　遺留分請求の事案ではないが、生命保険金請求権の特別受益性について、遺産分割手続において、相続人の１人が受け取った保険金（養老保険および生命共済金）について特別受益とされるかが問題となった事案について、最平16・10・29は、次のとおり判示し、原則、生命保険金請求権の特別受益性を否定した。

最二小決平16・10・29民集58巻7号1979頁

事案の概要

　夫婦 AB 間に、子４名（Y および X1〜 X3）がいたところ、A、B が順次死亡し、相続が開始した。Y が、A および B の死亡後に受け取った保険金（養老保険金、生命共済金　計793万5057円）につき、これが特別受益に当たるかが争いとなった。

最高裁判所の判断

　同最決は、前掲最一小判平14・11・5を踏まえて、養老保険契約に基づく死亡保険金請求権についてその相続財産性を否定したうえ、以下のとおり判示した。

　「したがって、上記の養老保険契約に基づき保険金受取人とされた相続人が取得する死亡保険金請求権又はこれを行使して取得した死亡保険金は、民法903条１項に規定する遺贈又は贈与に係る財産には当たらないと解するのが相当である。もっとも、上記死亡保険金請求権の取得のための費用である保険料は、被相続人が生前保険者に支払ったものであり、保険契約者である被相続人の死亡により保険金受取人である相続人に死亡保険金請求権が発生することなどにかんがみると、保険金受取人である相続人とその他の共同相続人との間に生ずる不公平が民法903条の趣旨に照らし到底是認することができないほどに著し

6）最三小判平10・3・24（民集52巻2号433頁）は、共同相続人間の公平の観点から民法903条が1044条（改正前民法）で遺留分に準用される趣旨は、特別受益を、遺留分算定の基礎となる財産に参入するのみならず1031条（改正前民法）に規定する遺贈または贈与に加えて、特段の事情がない限り遺留分減殺の対象に加えたものであると解したものであるとしている。

いものであると評価すべき特段の事情が存する場合には、同条の類推適用により、当該死亡保険金請求権は特別受益に準じて持戻しの対象となると解するのが相当である。上記特段の事情の有無については、保険金の額、この額の遺産の総額に対する比率のほか、同居の有無、被相続人の介護等に対する後見の度合いなどの保険金受取人である相続人及び他の共同相続人と被相続人との関係、各相続人の生活実態等の諸般の事情を総合考慮して判断すべきである。」

検　討

　上記決定は、保険金請求権の特別受益性を原則否定したうえ、判示したような「保険受取人である相続人とその他の共同相続人との間に生じる不公平が民法903条の趣旨に照らし到底是認することができないほどに著しいものであると評価すべき特段の事情が存する場合」には、民法903条の類推適用により特別受益に準じて持戻しの対象となる判断した。

　本事案では、特段の事情があるとまではいえないとして、本件抗告は棄却されたが、平成16年決定以後、上記決定を引用し、この「特段の事情」が存在することを理由に肯定される事例がみられる[7][8]。

　以上のように、生命保険金請求権は、その相続財産性は否定され、また、保険金受取金の指定は、直接、民法903条所定の「遺贈」ないし「贈与」には該当せず、特別受益性は原則否定される。もっとも、事案によっては、この民法903条を類推して生命保険金請求権についても特別受益として持戻しの対象となると判断できる場合がある。特別受益と認められるかは、上記決定では、養老保険契約に関し特別受益の有無を判断する際の判断要素（①保険金の額、②この額の遺産の総額に対する比率のほか、③同居の有無、被相続人の介護等に対する後見の度合いなど）が挙げられており、本決定以後においても、これらの要

7）特別受益性の肯定例として、①東京高決平17・10・27家月58巻5号94頁、②名古屋高決平18・3・27家月58巻10号66頁、否定例として、大阪家堺支判平18・3・22家月58巻10号84頁。

8）渡邊雅道「特別受益を考える」判タ1261号（2008）101頁。

素が検討されている[9]。

　仮に特段の事情が認められ、生命保険金請求権の特別受益性が認められる場合は、遺留分請求の場面においても、これを特別受益として遺留分算定の価額に含められる余地があると考えられ、今後の事例が注目される。

9）基本的には、保険金の額、この額の遺産総額に対する比率等の客観的な事情により、著しい不平等が生じないかを判断し、さらに、身分関係や生活実態とその他の事情からそれが公平を損なうといえないかどうかを判断するということになるのではないかと思われるとされている（最判解説民平成16年度（下）631頁）。

Ⅱ　遺留分侵害額の算定

1　遺留分侵害額請求権の法的性質および効力

　改正前民法の下においては、遺留分減殺請求権は形成権であり、その行使によって物権的効力が発生するというのが通説・判例の立場であった。

　そして、減殺される遺贈または贈与の対象の財産が複数ある場合には、遺留分減殺請求権の行使の結果、それぞれの財産について共有関係が生じるのが通常であった。しかも、この共有関係を解消するには別途共有物の分割の手続をとる必要がある。そのため煩雑で、また円滑な事業承継の障害になっているという指摘がされていた。

　そこで、改正後の民法においては、遺留分権利者の権利を遺留分侵害者に対して、遺留分侵害額に相当する金銭の支払いを請求することができる債権的権利にとどまるものとした（遺留分侵害額請求権。民1046条１項）[1]。

2　遺留分を算定するための財産の価額

　遺留分を算定するための財産の価額[2]は、被相続人が相続開始の時において有した財産の価額にその贈与した財産の価額を加えた額から債務の全額を控除した額である（民1043条１項）。ここで算入される贈与は、相続人以外の者に対する贈与については、原則として相続開始前の１年間にしたものに限られ、相続人に対する贈与については、原則として相続開始前10年まで遡り、特別受益に相当するものに限るとされた（民1044条１項・３項）。

　死亡保険金請求権が相続財産とされるか否かについて、最高裁は、「被相続人が保険金受取人としてその請求権発生当時の相続人たるべき個人を特に指定した場合には、右請求権は、保険契約の効力発生と同時に右相続人の固有財産

となり、被保険者（兼保険契約者）の遺産より離脱しているものといわねばならない。」と判示している（最判昭40・2・2民集19巻1号1頁）。

3 遺留分侵害額の算定

(1) 遺留分侵害額の算定方法

　改正前民法は、「遺留分は、被相続人が相続開始の時において有した財産の価額にその贈与した財産の価額を加えた額から債務の全額を控除して、これを算定する」と規定していたが（改正前民1029条1項）、遺留分侵害額の具体的な算定方法についての規定はなかった。

　この点に関し、最判平8・11・26(民集50巻10号2747頁)は、「被相続人が相続開始の時に債務を有していた場合の遺留分の額は、被相続人が相続開始時に有していた財産全体の価額にその贈与した財産の価額を加え、その中から債務

1）遺留分に係る民法改正については、法制審において、紆余曲折を辿り、平成29年7月18日の追加試案の取りまとめの段階では、①遺留分権利者は遺留分侵害額に相当する金銭の支払いを請求することができる、②受遺者または受贈者は金銭債務の全部または一部の支払いに代えて、遺贈または贈与の目的である財産のうちその指定する財産（指定財産）により給付することを請求することができる、③②の請求があったときには、遺留分侵害者が負担する債務は、指定財産の価額の限度で消滅し、その指定財産に関する権利が遺留分権利者に移転する、④遺留分権利者は指定財産に関する権利を放棄することができる、⑤遺留分権利者が放棄したときは、当初から指定財産に関する権利の移転はなかったものとみなす旨の規律を設けることが考えられていた（追加試案3頁）。

　これは、ただちに金銭を用意できない受遺者または受贈者に配慮した規律であった。しかし、これでは遺留分権利者の権利が改正前民法より相当弱められる、他方で④⑤の規律を削除するのみでは、遺留分権利者にとって不要な財産を押し付けられることになりかねないといった批判が強かった。最終的に、両者のバランスを図って、遺留分権利者の権利は債権的な権利にとどまるものとし、建物買取請求権を行使された借地権設定者の請求による代金債務の期限の許与（借地借家法13条2項）、有益費償還請求を受けた占有物の回復者の請求による有益費支払債務の期限の許与（民196条2項）などの例を参考にして、金銭債務の支払猶予を可能とすることで決着がついた（民1047条5項）。

2）詳細は前記I「遺留分の算定」参照。

の全額を控除して遺留分算定の基礎となる財産額を確定し、それに法定の遺留分の割合を乗じ、複数の遺留分権利者がいる場合は更に遺留分権利者それぞれの法定相続分の割合を乗じ、遺留分権利者がいわゆる特別受益財産を得ているときはその価額を控除して算定すべきものであり、遺留分の侵害額は、このようにして算定した遺留分の額から、遺留分権利者が相続によって得た財産がある場合はその額を控除し、同人が負担すべき相続債務がある場合はその額を加算して算定するものである。」旨判示した。以後は、これに従って、遺留分侵害額の計算がなされており、実務上定着している。

　このたびの民法改正は、上記最高裁判例の示した計算方法を基本的に踏襲して、これを条文化したものであり、計算方法に大きな変更はない。

　すなわち、民法1046条２項は、1042条の規定による遺留分（遺留分を算定するための財産の価額×総体的遺留分率×法定相続分率）から遺留分権利者が受けた遺贈または特別受益の価額および遺留分権利者が相続によって取得すべき遺産の価額を控除し、これに遺留分権利者が承継する債務の額を加算したものを遺留分侵害額とする旨定めた[3]。

(2)　遺留分侵害額の算定にあたって控除または加算される額

(i)　遺留分権利者が受けた遺贈または特別受益の価額の控除（民1046条２項１号）

　遺留分権利者が受けた遺贈または特別受益の価額は遺留分から控除して、遺留分侵害額を算定する。控除する特別受益について時的限界は設けられていない（民1046条２項１号）。

　改正前民法1030条は「贈与は、相続開始前の１年間にしたものに限り、前条の規定によりその価額を算入する。当事者双方が遺留分権利者に損害を加えることを知って贈与したときは、１年前の日より前にしたものについても、同様

3）　前掲最判平８・11・26は、遺留分権利者が受けた特別受益について、遺留分の算定にあたって、控除すべきとしたが、民法1046条は遺留分侵害額の算定にあたって控除すべきとした。どちらの計算方法であっても遺留分侵害額に差は生じない。

とする。」とする一方で、1044条が903条を準用することから、相続人に対する特別受益に当たるものについては、原則として1030条の要件を充たさなくても、遺留分算定の基礎となる財産に算入されると解されていた（最判平10・3・24民集52巻2号433頁もこのことを前提としている）[4]。そして、遺留分侵害額の算定にあたって控除する遺留分権利者が受けた特別受益についても時的制限を設けていなかった。遺留分を増やす方向、減らす方向のいずれでも、考慮される特別受益について時的限界が設けられていなかったから、その点では遺留分権利者および遺留分義務者の公平が図られていたといえる。

　しかし、民法改正によって、遺留分を算定するための財産の価額に含まれる特別受益は原則として相続開始前10年間にされたものに限られることとなった（民1044条3項）。

　そこで、法制審において、遺留分侵害額を算定するにあたって控除される遺留分権利者が受けた特別受益についても時的限界を設けるかどうかを検討されたが、この点については時的限界を設けないこととなった。

　したがって、相続開始前10年より前の特別受益であっても、遺留分権利者が受けたものはこれが控除され、遺留分侵害額が算定されることとなる[5]。

4）野山宏・最判解説民平成10年度313～314頁。

5）遺留分の算定にあたって算入される特別受益は、相続開始より10年前までのものに限られるのに対し、遺留分侵害額の算定にあたって控除される特別受益は、期間の制限がないことについて、法制審では、贈与を受けた第三者にとっては知りえない相続人に対する古い贈与の存在によって当該第三者の負担が大きくなることが理由として挙げられている（部会資料4・10頁、部会資料20・47頁等参照）。

　しかし、前者について時的制限を設ける必要性は理解できるものの、後者については、知りえない贈与であれば、それが遺留分侵害額から控除されることを第三者が期待しているとは考えられず、説明が合理的であるのか疑問が残る。この点は、後者についても時期的制限を設けると、改正前民法下での算定方法より、第三者の負担が大きくなることが問題視されているようであるが、他方、遺留分権利者の側からすれば、改正前民法下より遺留分侵害額が減少するのであり、法制審は、遺留分権利者の利益より第三者の法的安定性を重視すべきと判断したと考えるべきであろうか。

　以下の事例（図表１参照）のように、改正前民法の下では、減殺請求ができた相続人Ｘが、現行民法下では、減殺請求できない場合が生じることに注意を要する。

(ii)　遺留分権利者が取得すべき遺産の価額の控除（民1046条２項２号）

　遺産分割の対象となる財産がある場合に、遺留分侵害額の算定にあたって控除すべき「遺留分権利者が相続によって取得した積極財産の額」は、具体的相

【図表１】遺留分権利者が受けた遺贈または特別受益の価額の控除

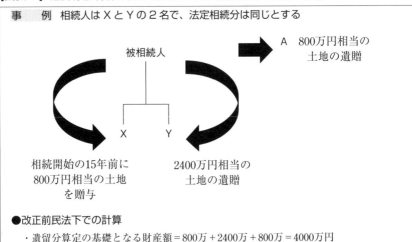

> 事　例　相続人はＸとＹの２名で、法定相続分は同じとする
>
> 被相続人
>
> A　800万円相当の土地の遺贈
>
> Ｘ　　Ｙ
>
> 相続開始の15年前に　　　　2400万円相当の
> 800万円相当の土地　　　　土地の遺贈
> を贈与
>
> ●改正前民法下での計算
> 　・遺留分算定の基礎となる財産額＝800万＋2400万＋800万＝4000万円
> 　・Ｘの遺留分侵害額＝4000万×１／２×１／２－800万円＝200万円
> 　・Ｘ→Ａに対する遺留分減殺請求権に相当する額＝200万×800万／（800万＋2400万）
> 　　＝50万円
> 　・Ｘ→Ｙに対する遺留分減殺請求権に相当する額＝200万×2400万／3200万＝150万
> ●現行民法下での計算
> 　遺留分を算定するための財産の価額＝800万＋2400万＝3200万円（Ｘに対する特別受益は相続開始10年より前のものであるので算入しない）
> 　Ｘの遺留分侵害額＝3200万×１／２×１／２－800万＝０円
> 　したがって、Ｘは減殺請求できない。

出典：部会資料20・48頁をもとに作成。

続分（民900条～902条、903条および904条の規定により算定した相続分に応じて遺留分権利者が取得すべき遺産の価額。ただし、寄与分による修正は考慮しない）に相当する額とする。すでに遺産分割が終了している場合であっても、遺産分割によって、実際に遺留分権利者が取得した額ではなく、具体的相続分を控除する（次頁**図表2**参照）。

　改正前は、未分割の遺産がある場合に、「遺留分権利者が相続によって取得した積極財産の額」をどのように算定すべきかについては、学説および実務上見解が分かれており、法定相続分を前提に算定すべきという法定相続分説と具体的相続分（ただし、寄与分による修正は考慮しない）を前提にすべきという具体的相続分説との対立があった。法制審においては、遺留分の侵害が問題となる事案においては、多くの特別受益が存在する場合が多いにもかかわらず、法定相続分説によると、その後に行われる遺産分割の結果との離齬が大きくなり、事案によっては、遺贈を受けている相続人が、遺贈を受けていない相続人に比して最終的な取得額が少ないという逆転現象が生ずることなどを考慮して、具体的相続分説を採用することとした[6]。

　また、すでに遺産分割が終了している事案では、現実に分割された内容を前提に控除すべきという見解と、計算上算定される相続分を前提に控除すべきであるという見解が存在したが、前者に対しては、遺産分割手続の進行状況によって遺留分侵害額が変動し、これによって遺留分権利者に帰属した権利の内容が変動するというのは理論的に説明が困難ではないかとの指摘や、遺産が未分割の場合と既分割の場合で、最終的な取得額が異なることとなるのは相当ではないといった指摘があり、遺産分割が終了しているか否かにかかわらず具体的相続分を控除することとなった[7]。

　ただし、寄与分については、被相続人の処分によって生じた特別受益とは性質が異なること、遺留分侵害額請求権は当事者間に争いがあれば、通常訴訟によって行使される権利であるのに対し、寄与分は家庭裁判所の審判により初め

6）中間試案（補足説明）70～74頁。

7）中間試案（補足説明）70～74頁。

【図表2】遺留分権利者が取得すべき遺産の価額の控除

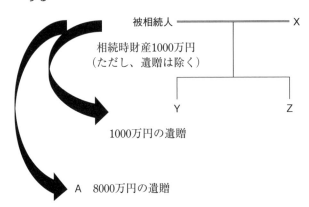

> **事　例**　相続人はX、Y、Zの3名で、法定相続分は1／2、1／4、1／4とする
>
> 被相続人 ————————————— X
>
> 相続時財産1000万円
> （ただし、遺贈は除く）
>
> Y　　　　　　Z
>
> 1000万円の遺贈
>
> A　8000万円の遺贈
>
> ●**遺産分割（民900条、903条）**
>
> 　Xの相続分＝（1000万＋1000万）×1／2＝1000万円
>
> 　Yの相続分＝2000万×1／4－1000万＝－500万円
>
> 　Zの相続分＝2000万×1／4＝500万円
>
> 　Xの取得額＝1000万円×1000万／（500万＋1000万）＝666万6667円
>
> 　Zの取得額＝1000万円×500万／1500万＝333万3333円
>
> ●**遺留分侵害額**
>
> 　Xの遺留分侵害額＝（1000万＋1000万＋8000万）×1／2×1／2－666万6667円＝
> 　1833万3333円
>
> 　Yの遺留分侵害額＝1億×1／2×1／4－1000万＝250万円
>
> 　Zの遺留分侵害額＝1億×1／2×1／4－333万3333円＝916万6667円
>
> 　X、Y、Zは各自の遺留分侵害額をAに対し請求することができる。
>
> ●**最終的な取得額**
>
> 　Xの最終取得額＝666万6667円＋1833万3333円＝2500万円
>
> 　Yの最終取得額＝1000万＋250万＝1250万円
>
> 　Zの最終取得額＝333万3333円＋916万6667円＝1250万円
>
> 　Aの最終取得額＝8000万－1833万3333－250万－916万6667＝5000万円

出典：中間試案（補足説明）72～73頁をもとに作成。

てその有無および額が決定されるものであり、権利の性質、実現のための手続
が異なること等を考慮して、寄与分による修正は考慮しないこととされた[8]。

(iii)　遺留分権利者が承継する債務の額の加算（民1046条2項3号）

　遺留分侵害額の算定にあたっては、民法899条の規定に基づき遺留分権利者
が承継する債務（以下、「遺留分権利者承継債務」という）の額を加算する。

　改正前民法の下では、前掲最判平8・11・26に従い、遺留分侵害額の算定に
あたって、遺留分権利者が負担すべき相続債務を加算する取扱いであった。上
記はこの点を明文化したものである。

　この点に関しては、相続分の指定や包括遺贈に起因して、相続債務の対内的
な承継割合が法定相続分とは異なる場合、遺留分権利者承継債務をいかに考え
るかという問題がある。

　最判平21・3・24（民集63巻3号427頁）は、相続人2名（子であるXおよびY）
のうちXに対して、財産全部を相続させる旨の遺言がされたところ、Yが相
続債務は可分であって、法定相続分に基づきその2分の1を承継したから[9]、
遺留分侵害額の算定にあたっては、相続債務の2分の1に相当する額を加算す
べきであると主張した事案において、「遺留分侵害額の算定は、相続人間にお
いて、遺留分権利者の手元に最終的に取り戻すべき遺産の数額を算出するもの
というべきである。したがって、相続人のうちの1人に対して財産全部を相続
させる旨の遺言がされ、当該相続人が相続債務もすべて承継したと解される場
合、遺留分の侵害額の算定においては、遺留分権利者の法定相続分に応じた相

8）中間試案（補足説明)70～74頁。
9）最判昭34・6・19(民集13巻6号757頁）は、可分債務については相続により相続分に応
　じて分割承継される旨判示する。当該事案は、債権者と相続人との争いに係るものであ
　り、相続人間の争いである本件とは事案を異にする。
　　最判平21・3・24は、遺言による相続債務についての相続分の指定は、相続債務の債権
　者に対しては、効力は及ばないが、相続債務の債権者の方から指定相続分に応じた相続債
　務の履行を請求することは妨げられない旨判示しており、このたびの民法改正では判例の
　趣旨に沿った改正がなされた（民902条の2）。

続債務の額を遺留分の額に加算することは許されないものと解するのが相当である。」旨判示した。

　法制審において、法務省からは上記最高裁判例の趣旨に沿い、遺留分権利者承継債務について対内的負担割合とするという案が提案されたが、明文化は見送られた[10]。

(3)　受遺者・受贈者が遺留分権利者承継債務を弁済した場合の取扱い（民1047条３項）

　相続債務があった場合に、遺留分侵害額の算定にあたり、遺留分権利者承継債務を加算することは前記(2)(iii)のとおりであるが、たとえば被相続人が自己の営む個人事業に関連して債務を負担しており、被相続人の死亡に伴い、受遺者または受贈者が当該事業を承継したという事案では、遺留分権利者による任意の弁済を待たずに受遺者または受贈者が自ら弁済したい、あるいは弁済をしなければならない場合がある。このような場合にも、上記原則を貫いたのでは、受遺者または受贈者に対し、債権者に対する支払いと遺留分権利者に対する負担との二重の負担を負わせることになりかねない（受遺者または受贈者が遺留分権利者承継債務を債権者に弁済した場合には、求償権を取得することになるが、遺留分権利者が無資力になった場合の負担を負うことになるし、そもそもそのような方法は迂遠である）。

　他方、遺留分権利者の権利は金銭債権に一本化されることになったので、相続債務額の加算は遺留分権利者に対する相続債務の弁済金の前渡しを意味することになる。そして、遺留分侵害額を算定する際に相続債務額を加算するのは、遺留分権利者が相続債務を弁済した後にも、遺留分権利者に一定の財産が残るようにするためであり、相続債務の弁済を免れた場合にまで、相続債務の加算をする必要はない。

---

10)　法制審では、①対内的な負担割合で計算する、②債権者の承諾があった場合は変更後の負担割合で加算し、承諾がない場合は法定相続分の割合で加算する、③法定相続分の割合で加算するという３案が検討され、①案を採用することに異論があったようには見受けられない。明文化されなかった理由は不明である。

　このような点を踏まえ、このたびの民法改正で、受遺者または受贈者が、遺留分権利者承継債務を弁済等によって消滅させた場合には、消滅した限度において、遺留分権利者に対する意思表示により本来負担すべき遺留分権利者に対する遺留分侵害額の負担を消滅させることができ、遺留分権利者に対する求償権もその限度で消滅するという規律が設けられた[11)12)]（図表３）。

【図表３】受遺者・受贈者が遺留分権利者承継債務を弁済した場合の算定方法

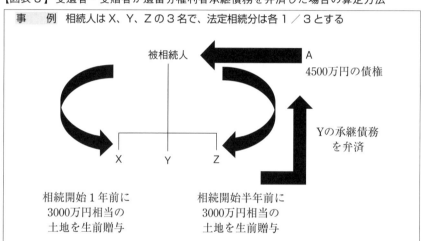

11) 法制審では、当初、受遺者または受贈者が遺留分権利者承継債務を弁済等によって消滅させた場合には、遺留分権利者の権利は、その消滅した債務額の限度で当然に減縮するという規律を設けることを検討していたが、遺留分減殺請求権は行使上の一身専属権であり、当該規律は遺留分権利者が権利を行使してきた場合に、防御的に機能させれば足りることなどを理由に、受遺者または受贈者が意思表示をすることによって、同人らが負担すべき遺留分侵害額の負担が消滅するという規律に変更された（部会資料16・19頁）。

12) 遺留分権利者に対する求償権と遺留分侵害額請求権とを相殺するという方法も考えられるが、一般に免責的債務引受けをした場合（この場合も遺留分権利者相続債務は消滅する）には、求償権は発生しないと考えられていること、（特に遺留分侵害額請求権行使後に）弁済期未到来の相続債務を弁済した場合には、相殺できないことなどから、相殺とは別に本規律を設ける必要性が認められる（部会資料16・22〜23頁）。

● Yの遺留分

= （3000万 +3000万 − 4500万）× 1 ／ 2 × 1 ／ 3 + 1500万 = 1750万

● Y ➡ Z に対する遺留分侵害額請求権

= 3000万 − 1750万（Zの遺留分）= 1250万（民1047条）

　Zは Y の相続債務1500万円を消滅させたので、Zの請求により Y の Z に対する遺留分侵害額請求権は消滅する。

　Zは Y に対して、250万円（1500万円 − 1250万円）の求償権を取得。

● Y ➡ X に対する遺留分侵害額請求権

= 1750万 − 1250万 = 500万円

●最終的な取得額

　Xの最終取得額 = 3000万 − 500万 − 1500万（自己の承継債務）= 1000万円

　Yの最終取得額 = 1750万 − 1250万 − 250万 = 250万円

　Zの最終取得額 = 3000万 − 1500万（Yの承継債務）− 1500万（自己の承継債務）+ 250万（求償権）= 250万円

出典：部会資料16・20頁をもとに作成。

⑷　ま と め

　遺留分侵害額の算定方法を図で示すと**図表４**のようになる。

　遺留分侵害額の算定については、基本的にはこれまで判例によって築かれた算定方法が条文上明確化されたものといえ、大きな変更はない。

　しかし、遺留分算定の基礎となる財産額に含まれる特別受益は原則として相続開始前10年間にされたものに限られることとなったことによって、民法改正前より遺留分侵害額が減額する場合があること、「遺留分権利者が取得すべき遺産の価額」は遺産分割の前後を問わず、具体的相続分とすることが明確にされたこと、受遺者または受贈者が遺留分権利者承継債務を弁済等によって消滅させた場合には、受遺者または受贈者の意思表示により、同人らが負担する遺留分負担額が消滅する旨の規律が設けられたことなど、実務に与える影響は小さくない。

【図表4】遺留分侵害額の算定方法

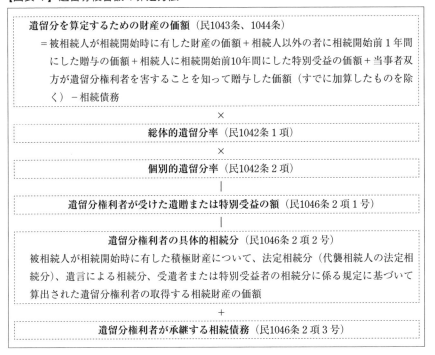

遺留分を算定するための財産の価額（民1043条、1044条）
＝被相続人が相続開始時に有した財産の価額＋相続人以外の者に相続開始前1年間にした贈与の価額＋相続人に相続開始前10年間にした特別受益の価額＋当事者双方が遺留分権利者を害することを知って贈与した価額（すでに加算したものを除く）－相続債務

×

総体的遺留分率（民1042条1項）

×

個別的遺留分率（民1042条2項）

｜

遺留分権利者が受けた遺贈または特別受益の額（民1046条2項1号）

｜

遺留分権利者の具体的相続分（民1046条2項2号）
被相続人が相続開始時に有した積極財産について、法定相続分（代襲相続人の法定相続分）、遺言による相続分、受遺者または特別受益者の相続分に係る規定に基づいて算出された遺留分権利者の取得する相続財産の価額

＋

遺留分権利者が承継する相続債務（民1046条2項3号）

4　遺留分に関する近時の判例・裁判例の紹介

　以下では、遺留分侵害額の算定を離れ、遺留分に関する近時の判例および裁判例について、簡単に紹介する。

(1)　共同相続人間においてされた無償による相続分の譲渡と民法903条 1 項に規定する「贈与」

最判平30・10・19民集72巻 5 号900頁

事案の概要

被相続人 A ━━━━━━━━━━━━━━━━ 亡 B

（平成26年 7 月死亡）　　　　　　　　（平成20年12月死亡）

C　　　　　　　　Y ═══ D　　　　　　　　X

※図に示したほかに法定相続人はいない。

① 　A および D （Y の妻であり、A および亡 B の養子である）は、亡 B の遺産についての遺産分割調停手続において、遺産分割未了の間に、各自の相続分を Y に譲渡し（本件相続分譲渡）、同手続から脱退した。

② 　A は、平成22年 8 月、その有する全財産を Y に相続させる旨の遺言をした。

③ 　亡 B の遺産につき、平成22年12月、遺産分割調停が成立した。

④ 　A が死亡した。同人の相続財産は約35万円の預貯金と約36万円の未払債務であった。

⑤ 　X は、平成26年11月、Y に対し、A の相続に関して遺留分減殺請求権を行使する意思表示をした。

⑥ 　X が Y に対し、A が Y に譲渡した相続分も遺留分算定の基礎となる財産に含まれるから、②の遺言によって遺留分を侵害されたとして、Y が亡 B から相続した不動産の一部についての遺留分減殺を原因とする持分移転登記手続等を求めた。

争　点

　本件相続分譲渡が、A の相続において、その価額を遺留分算定の基礎となる財産額に算入すべき贈与（民1044条、903条 1 項）に当たるか。

原審の判断

　原審（東京高判平29・ 6 ・22金法2114号59頁）は、①相続分の譲渡による相続財産の持分の移転は、遺産分割が終了するまでの暫定的なものであり、最

終的に遺産分割が確定すれば、その遡及効によって、相続分の譲受人は相続開始時に遡って被相続人から直接財産を取得したことになるから、譲渡人から譲受人に相続財産の贈与があったとは観念できない、②相続分の譲渡は必ずしも譲受人に経済的利益をもたらすものとはいえず、譲渡に係る相続分に経済的利益があるか否かは当該相続分の積極財産および消極財産の価額等を考慮して算定しなければ判明しない、③相続分の譲渡はいわば遺産分割に参加する地位と遺産を取得できる枠を譲り渡すものであり、最終的な遺産の帰属は遺産分割協議を待たなければならないから、単純に相続財産の贈与があったものと同視することはできない、として相続分の譲渡は遺留分算定の基礎となる財産額に算入すべき贈与には当たらないとして、Ｘの控訴を棄却した。

最高裁判所の判断

　共同相続人間においてされた無償による相続分の譲渡は、譲渡に係る相続分に含まれる積極財産および消極財産の価額等を考慮して算定した当該相続分に財産的価値があるとはいえない場合を除き、上記譲渡をした者の相続において、民法903条１項に規定する「贈与」に当たる。

本判決の理由

　本判決は、共同相続人間で相続分の譲渡がされた時は、積極財産と消極財産とを包括した遺産全体に対する譲渡人の割合的な持分が譲受人に移転し、相続分の譲渡に伴って個々の相続財産についての共有持分の移転も生ずるものと解され、相続分の譲渡を受けた共同相続人は、遺産分割手続等において、従前から有していた相続分と譲渡に係る相続分との合計に相当する価額の相続財産の分配を求めることができるのであって、相続分の譲渡は、譲渡に係る相続分に含まれる積極財産および消極財産の価額等を考慮して算定した当該相続分に財産的価値があるとはいえない場合を除き、譲渡人から譲受人に対し経済的利益を合意によって移転するものということができる、遺産の分割が相続開始の時に遡ってその効力を生ずるとされていることは、以上のように解することの妨げとならないとして、上記「最高裁判所の判断」記載のとおり、判断した。

検　討

[1]　相続分の譲渡が民法903条１項に規定する「贈与」といえるかを検討するにあたって、問題となるのは主に①相続分の譲渡をもって贈与の対象といえるような具体的な「財産」ないし「財産的利益」の移転ということができるか、②財産的利益の移転といえるとしても、それは遺産分割がされるまでの間の暫定的な権利義務関係の移転であり、贈与とみることはできないのでは

ないか、③遺産分割の遡及効によって相続分の譲渡人は相続開始時から相続財産を取得しなかったことになるから、当該譲渡人から譲受人に対する相続分の贈与があったとすることはできないのではないかという３点であるとされる[13]。

①　相続分の譲渡が「贈与」すなわち財産ないし財産的利益の移転といえるか[14]。

最判平13・7・10（民集55巻5号955頁）は、共同相続人間で相続分の譲渡がされたときは、積極財産と消極財産とを包括した遺産全体に対する譲渡人の割合的な持分が譲受人に移転し、相続分の譲渡に伴って個々の相続財産についての共有持分の移転も生ずるものと解されると判示しており、相続分の譲受人は、相続分を取得することに伴って、具体的な相続財産に対する権利または共有持分を合わせて取得することになるというのが判例の立場であると解されている[15]。そうすると、相続分の譲受人には財産的利益が移転したということができるであろう。

もっとも、本判決も「譲渡された相続分に財産的価値があるとはいえない場合を除き」としており、相続分の譲渡が常に財産的利益の移転を生じるとはしていない点に留意すべきである。

②　暫定的な権利義務関係の移転であり、贈与に当たらないのではないか。

遺産共有は、遺産分割によって具体的な財産の帰属が遡及的に定まるまでの暫定的な法状態であると解されている[16]。この点を強調すれば、譲受人は確定的に財産的利益を取得したとはいえず、贈与に当たらないという考え方が成り立つように思われる。

13）土井文美「判批」ジュリ1534号（2019）94頁。

14）譲受人に財産的利益を与えるのでなければ、贈与ではない（新版注釈民法(14)債権(5)22頁）。

15）大橋寛明・最判解説民平成13年度577頁。

16）大橋・前掲注15）577頁。

　しかし、相続分の譲渡を受けた共同相続人は、従前から有していた相続分と新たに取得した相続分とを合計した相続分を有する者として遺産分割に加わることになるのであり[17]、譲り受けた相続分も含めた割合で遺産の分配を請求できる立場にある。もちろん、具体的な分割は民法906条に基づいて行われ、譲受人が、個々の財産について、譲り受けた相続分も含めた相続分どおりの分割を受けることが確実であるとはいえないが、総体としてみれば、譲り受けた相続分も含めた相続分に相当する財産的利益を取得するのであるから[18]、財産的利益の取得が暫定的なものにとどまるとはいえない（譲受人は譲り受けた相続分を含めた相続分を下回る割合で遺産分割協議に応じることは当然可能であるが、それは譲受人の意思によるものであって、全く異なる問題である）。

　この点、原審は「相続財産の贈与があったとは観念できない」と判断しており、具体的な財産に着目しているようにも解される。これに対して、本判決は、「経済的利益を合意によって移転するものということができる」と判示しており、当該相続分に相当する価額の相続財産の分配を求めることができるという観点から贈与といえると判断したように思われる。

③　遺産分割の遡及効により譲渡人から相続分の贈与があったということはできないのではないか。

　相続分の譲受人は、遺産分割の遡及効（民909条）の適用を受ける地位も承継しており、遺産分割の結果、譲受人が取得する相続財産は、被相続人から直接譲受人に対し、移転しており、譲渡人から譲受人に対する贈与があったとはいえないという考え方が成り立つように思われ、原審もこの立場に立つものである。

　しかし、民法909条はただし書で遺産分割の遡及効は第三者には対抗で

---

17)　前掲最判平13・7・10。
18)　民法906条の規定は相続が開始され遺産に対する各相続人の相続分が定まった時に、その相続分に応じ、現実に遺産に属する個々の財産の帰属をどのように定めるかにつき、考慮すべき事項を定めたもので、法律上決まった相続分を変更することを許した規定ではない（東京高決昭42・1・11判タ218号278頁）。

きないとしており、また911条〜913条は、各共同相続人は他の共同相続人に対して、担保責任を負うことを定めている。これらのことから、909条本文が規定する遡及効は、被相続人から直接遺産を承継したこととする法技術にすぎず、実質的には非遡及効を認めているのとほとんど同様であって、現実に遺産共有の状態が存したという事実をなかったことにするまでの効果を認めたものとは解されない[19]。

② 本判決は以上のような観点から「**最高裁判所の判断**」記載のとおりの判示をしたものと考えられる。

　第一次相続の際の相続分の譲渡が民法903条 1 項の「贈与」に当たらないとすれば、特に本件のようにほとんどの財産を所有していた配偶者が亡くなり、同人の相続において遺された配偶者が数名いる子供のうちの 1 名に相続分の全部を譲渡したというような事案においては、遺された配偶者の相続に関し、遺留分算定の基礎となる財産はほとんどゼロになってしまい、被相続人の財産処分権を一部制限してまでも、遺族の生活保障および潜在的持分の清算を図るという遺留分制度の趣旨を没却することになり、遺留分制度の潜脱に利用されることにもなりかねない。

　本判決はこうした遺留分制度の趣旨にも配慮したものではなかろうか。

　なお、本判決は相続分の譲渡があれば、ただちに民法903条 1 項の「贈与」に当たるとの判断を示したものではなく、「婚姻若しくは養子縁組のためもしくは生計の資本として」の贈与であったか否かは、個別の事案に応じて判断を要することに注意が必要である[20]。

---

19) 松並重雄・最判解説民平成17年度569〜570頁。

20) 土井・前掲注13)96頁。

⑵ 遺留分請求の対象財産

東京地判平30・9・12金法2104号78頁

事案の概要

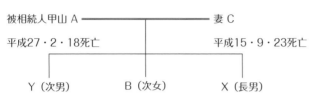

※図に示したほかに法定相続人はいない。

① 平成10年1月23日 Aが公正証書遺言を作成

（遺言内容の概要）

　居宅および物置とその敷地（以下「甲不動産」）ならびに賃貸物件である共同住宅とその敷地（以下「乙不動産」）をCに相続させる。CがAより先に死亡したときは、甲不動産および乙不動産をYに相続させる。

② 平成27年2月1日 AB間、AY間で死因贈与契約締結

　　　AB間：Aの全財産の1／3に相当する財産を贈与する。

　　　AY間：Aの全財産の2／3に相当する財産を贈与する。

③ 平成27年2月5日 AYがAを委託者、Yを受託者とする信託契約締結

（信託内容の概要）

　㋐ 信託目的はAの死亡後もその財産を受託者が管理・運用することによって、Yおよびその直系血族が甲山家を継ぎ、お墓・仏壇を守っていってほしいとのAの意思を反映した財産管理を継続すること。

　㋑ 信託財産はA所有のすべての不動産（甲不動産および乙不動産が含まれる）および300万円。

　㋒ 受託者は信託不動産の維持・保全・修繕または改良を自らの裁量で行い、信託不動産を無償で使用することができる。

　㋓ 当初受益者はAであり、B死亡後の受益者は以下のとおり。

　　　第1順位　XおよびBに各1／6の受益権

　　　　　　　　Yに4／6の受益権

　　　第2順位　Yの子供らが均等に取得

　㋔ 受益者の意思決定はBが行う。

　㋕ 受益者は信託不動産の売却代金、賃料等、信託不動産より発生する経済的利益を受けることができる。

　㈱　受益者は他の受益者に対し、当該受益者の有する受益権持分の一部もしくは全部の取得を請求することができる。その価格は、最新の固定資産税評価額をもって計算する。

④　平成27年２月18日　Ａ死亡

⑤　平成27年７月24日　ＸがＹに対し、平成10年遺言により遺留分を侵害されたとして、遺留分減殺の意思表示

　　平成28年１月23日　ＸがＹに対し、本件死因贈与または本件信託により遺留分を侵害されたとして、遺留分減殺の意思表示

⑥　Ｘ、ＹおよびＢが相続税納付資金のねん出のため、売却代金について受益権割合で分配する合意をし、Ｙが一部不動産を売却

争　点

本件の争点は多岐にわたるが、ここでは以下の３点について検討することとする。

①　本件信託はＸを差別し排除することを意図した、遺留分逃れのための信託契約であり、公序良俗に反し無効か

②　減殺の対象は信託財産か受益権か

③　受益権の価額の算定方法（ただし、本裁判例では、算定方法が争点になっていたわけではないようである）

裁判所の判断

①　本件信託のうち、経済的利益の分配が想定されていない不動産を目的財産に含めた部分は、遺留分制度を潜脱する意図で信託制度を利用したものであって、公序良俗に反して、無効である。

　　なお、本件信託不動産のうち一部（以下「丁不動産」）は、経済的に無価値であって、これを売却しあるいは賃貸して収益を上げることが現実的に不可能な不動産であり、甲不動産は、現実の不動産賃料収入（年間約100万円から180万円）が同不動産全体の価値（固定資産税評価額約３億5000万円）に見合わず、これを売却することもあるいは全体を賃貸してその価値に見合う収益を上げることもできておらず、そのことが本件信託当時より想定されていたことが認定されている。

②　信託契約による信託財産の移転は、信託目的達成のための形式的な所有権移転にすぎないため、実質的に権利として移転される受益権を遺留分減殺の対象とすべきである。

③　信託不動産の収益価格、固定資産税評価額、「事案の概要」⑥で売却した不動産の売却価額と当該不動産の固定資産税評価額の比率、同売却済不動産の

売却価額とその直近賃料収益と信託目的不動産の賃料収益の比率を総合考慮して受益権価額を認定した。

◢ 検　討

1　本裁判例は、信託不動産の一部について、①Ａは、当該各不動産から得られる経済的利益を分配することを本件信託当時より想定していなかったこと、②たとえＸが遺留分減殺請求権を行使しても、当該各不動産により発生する経済的利益がない限り、増加した受益権割合に相応する経済的利益を得ることは不可能であること、③他の受益者に対して受益権の取得を請求してもその価格は最新の固定資産税評価額をもって計算した額とするものと定められており、当該各不動産に見合う経済的利益を得ることはできないことからすると、Ａが、当該各不動産を本件信託の目的不動産に含めたのは、外形上Ｘに対して遺留分割合に相当する割合の受益権を与えることにより、これらの不動産に対する遺留分減殺請求を回避する目的であったと解さざるを得ないとの理由により、経済的利益の分配が想定されていない財産を信託不動産とした部分について遺留分制度を潜脱するものとして無効であるとしている。

　平成18年の信託法改正によって後継ぎ遺贈型受益者連続信託が定められたが、法制審信託法部会ではこれによって遺留分制度を潜脱できないことに異論はなかった[21]。遺留分制度については、高齢化社会によって相続が開始した時点で、相続人である子がすでに経済的に独立している場合が多く、また、核家族化に伴って、財産形成に対する相続人の寄与の割合が相対的に低下していることから、遺族の生活保障や相続財産に対する潜在的持分の清算という遺留分制度の趣旨・目的が現代社会に合致しなくなっているという指摘がされているものの、このたびの民法改正でも遺留分制度自体の廃止について議論されたような形跡はうかがわれず、なお、重要な意義を有する制度である。

21）加藤祐司「後継ぎ遺贈型の受益者連続信託と遺産分割及び遺留分減殺請求」判タ1327号（2010）19頁。

　本裁判例は、Ｘに対する経済的利益の分配について、本件信託当時の想定、Ｘが遺留分減殺請求権を行使した場合や受益権の取得請求をした場合にどうなるか、という検討をしたうえで、本件信託は、遺留分制度を潜脱するものとして、公序良俗に反するものとして無効としている。

　もっとも、そもそも経済的に無価値な不動産であれば（丁不動産はそのように認定されている）、これを信託不動産とすることによって、Ｘの遺留分が実質的に侵害されたといえるのであろうか。改正前民法の下では、遺留分減殺請求権を行使することによって、物権的効力が生じると解されていたので、当該財産的価値のない不動産に対して、Ｘが遺留分割合に応じた共有持分権を取得することとなるが、その後の分割時に当該財産は無価値なものとして扱われる。さらに、民法改正により遺留分権利者の権利が債権化されたことによってこの問題はより浮き彫りになるように思われる。本裁判例でも丁不動産については、その一部（残余部分とは関係のない公衆用道路等）について相続税申告時の評価額のまま０円と評価し、遺留分の計算をしている。実質的な侵害がないのであれば、遺留分制度を潜脱するものであり公序良俗に反して無効とまでする理由があるといえるのかは、検討を要する事項であろう。

② 　信託契約に関し、遺留分減殺請求の対象を何とするかは、主に、受益権とする説と信託財産であるとする説の２説があり、本裁判例は前者を採用したものである。その理由は、信託契約によって実質的に移転する権利は受益権であるという明快なものである。

③ 　他方で、受益権の価額については、信託不動産の価額に等しいものとして算出している。その理由は判決内容からは必ずしも明らかではない。

　遺留分減殺請求の対象を受益権とする立場からは、信託財産そのものの価額とは別に、受益権の価額を算出するということが考えられるが、これでは通常の場合、信託財産の価額より減少してしまい、結果として、遺留分制度の潜脱となってしまうおそれがある[22]。それを回避する考え方として、受

---

22) 加藤・前掲注21) 22頁。

益権の価額を信託財産の価額に等しいものとする方法があり、本裁判例はその方法を採用したものであろう。

　信託契約に関し、遺留分を算定するための財産の価額を受益権の価額と捉えるか、信託財産の価額と捉えるか、受益権の価額と捉えた場合に、どのようにそれを算出するかについては、議論の分かれているところであり、今後の事例が注目される。

Ⅲ　遺留分侵害額請求権の行使と期限の許与

1　遺留分侵害額請求権の行使

(1) 概　　要

　遺留分侵害額請求権では、遺留分権利者が権利行使をすることにより、遺留分権利者と受遺者や受贈者（以下、これらを総称して「受遺者等」という）との間に遺留分侵害額に相当する金銭債権が生じることとなる。この点、相続法改正前とは異なり、遺贈や贈与が失効するわけではない。遺留分権利者による権利行使する旨の意思表示は形成権であり、それにより発生した金銭債務は期限の定めのない債務となり、遺留分権利者が請求した時点で履行遅滞に陥る。

　遺留分権利者により形成権の行使と履行の請求は同時に行うことが可能であるため、遺留分権利者が具体的な金額を示して受遺者等に対し金銭の支払いを求めた場合は、その時点で当該金銭債務は履行遅滞に陥ることとなる。

(2) 行使の主体

　遺留分侵害額請求権を行使できるのは、遺留分権利者のほか、その相続人や包括受遺者、特定承継人などの承継人も含まれる。

(3) 行使の相手方

　遺留分侵害額請求権を行使する相手方は、受遺者、受贈者およびそれらの包括承継人である。相続法改正後では、受遺者の中には特定財産承継遺言により財産を承継しまたは相続分の指定を受けた相続人を含むことが明示されているため（民1046条1項）、特定財産承継遺言により財産を取得した相続人や相続分の指定を受けた相続人も遺留分侵害額請求権の相手方となる。

⑷　行使の方法

（ⅰ）　訴えによる必要があるか

　遺留分侵害額請求権は形成権であり、意思表示の方法により行使すれば足りるため、必ずしも訴えの方法による必要はない。したがって、遺留分権利者が受遺者等に対し、たとえば内容証明郵便などにより遺留分侵害額請求権を行使する旨の意思表示をすれば、遺留分侵害額に相当する金銭債権は発生する。なお、遺留分権利者の権利行使はあくまで形成権の行使であるため、行使にあたって遺留分侵害額の具体的な金額を明示する必要はないと解されている[1]。

　なお、遺留分権利者が訴えを提起するときは、金銭の給付にかかる給付訴訟を提起すればよく、金銭給付請求権が訴訟物となる。

（ⅱ）　遺産分割の申し入れ

　遺留分権利者から遺産分割協議の申し入れがなされた際に、遺留分侵害額請求権を行使する意思表示も含まれると解されるかについては、遺贈の効力を争っているかどうかにより結論が異なる。

　相続法改正前の判例では、遺産分割協議の申し入れに当然に遺留分減殺の意思表示が含まれているとはいえないが、被相続人の全財産が相続人の一部の者に遺贈された場合において、遺留分減殺請求権を有する相続人が遺贈の効力を争うことなく遺産分割協議の申し入れをしたときには、特段の事情のない限り、遺産分割協議の申し入れに遺留分減殺の意思表示が含まれているとされていた（最判平10・6・11民集52巻4号1034頁）。これは、遺贈を受けなかった相続人が遺産の配分を求めるためには遺留分減殺の方法によるしかないため、遺贈の効力を争わずに遺産分割協議を申し入れた場合に遺留分減殺の意思表示が含まれていると解することが合理的であるからである。そして、この判例は相続法改正後の遺留分侵害額請求権においても同様に妥当すると解されている[2]。

　したがって、遺留分権利者が、遺贈の効力を争わずに遺産分割協議の申し入

1）　一問一答124頁。
2）　片岡＝菅野・改正相続法と家裁実務237頁。

れをした場合は、特段の事情のない限り、その申し入れに遺留分侵害額請求権行使の意思表示が含まれると解されることになる。他方で、遺留分権利者が遺贈の効力を争ったうえで遺産分割協議の申し入れをした場合は、その申し入れに遺留分侵害額請求権行使の意思表示は含まれないと解される。

(iii) 債権者による代位行使

　遺留分権利者の債権者が、自己の債権を保全するために遺留分侵害額請求権を代位行使できるかについて、相続法改正前の判例においては、遺留分減殺請求権が特段の事情がある場合を除き、行使上の一身専属性（民423条1項ただし書）を有するため、行使することはできないと解されていた（最判平13・11・22民集55巻6号1033頁）。この判例に従えば、遺留分減殺請求権について、債権者代位権の行使は認められないこととなる。この判例の立場については、代位債権者には責任財産の充実への期待があるにもかかわらず、遺留分権利者の意思を尊重しなければならないのかは疑問があるとして、少なくとも両者の利益状況を考慮したうえで代位行使の当否を判断すべきという考えもある[3]。

(5) 消滅時効および除斥期間

　遺留分侵害額請求権は、遺留分権利者が相続の開始および遺留分を侵害する贈与および遺贈を知った時から1年間行使しないときは時効により消滅する（民1048条）。これは法律関係の早期確定の観点から短期消滅時効とされたものである。消滅時効の起算点は、単に遺留分権利者が相続の開始および遺贈ならびに贈与があったことを知っているだけでなく、それが遺留分を侵害するものであることを知った時点である。したがって、遺留分権利者が遺贈や贈与がなされた事実を知ってはいるが、相続財産額が不明なため遺留分が侵害されていることを知らなかったときや、遺留分を侵害しない程度のものであると誤信していたときは、消滅時効は進行しない[4]。

3）潮見・詳解相続法546頁。
4）潮見・詳解相続法560頁。

　また、相続開始の時から10年間を経過したときは除斥期間の満了により消滅する（民1048条）。

　遺留分侵害額請求権の行使により発生した金銭債権は、通常の金銭債権と同様に消滅時効にかかる。そのため、消滅時効に関する民法改正が施行される前であれば10年間（改正前民167条1項）、施行された後は5年間の消滅時効にかかる（民166条1項1号）。

　なお、消滅時効に関する民法改正が施行される前に相続が開始したが、遺留分侵害額請求権行使の意思表示自体は民法改正の施行後になされた場合は、遺留分侵害額請求権の「施行日前に債権が生じた場合」（民法附則（平成29年6月2日法律第44号）10条4項）には該当せず、民法改正後の規定が適用されるため、5年間の消滅時効にかかると解されている[5]。

2　期限の許与

(1)　概　　要

　相続法改正後の民法では、金銭給付の請求を受けた受遺者等の請求により、裁判所が金銭債務の全部または一部の支払いについて相当の期限を許与することができることになった（民1047条5項）。これは、被相続人から受けた遺贈の対象財産が換価困難な不動産や動産である場合や、被相続人から贈与を受けたが遺留分侵害額請求がされた時点では期間の経過により十分は資金がない場合など、受遺者等がただちに金銭を準備できない場合において、常に履行遅滞に陥り、遅延損害金の支払義務を負うこととすると、受遺者等に酷な場合があることを考慮して創設されたものである[6]。

　裁判所が金銭債務の支払いについて相当の期限を許与した場合、当該期限の許与がされた金銭債務の全部または一部について、遡及的に弁済期が変更されることとなり、受遺者等は遡及的に履行遅滞に陥っていないことになる。その

5）　一問一答125頁。

6）　一問一答126頁。

ため、許与された期限内は遅延損害金が発生しない。

⑵　改正の経緯

　法制審部会では、金銭請求を受けた受遺者等がただちに金銭を準備することができない場合の方策として、金銭債務の支払いに代えて遺贈または贈与の目的物を給付することができるという制度が検討された。

　中間試案では、金銭債務の支払いに代わる目的物の現物給付をすることができるとしつつ、給付する財産の内容を裁判所が定めるという案が中心に検討されたが、裁判所の裁量的判断により現物給付の内容が定められると、当事者に予期しない財産が指定されるおそれがあり、予測可能性を欠くとの意見が強く、結局採用されなかった[7]。

　また、追加試案では、現物給付の指定権を裁判所ではなく、受遺者等に付与するという案が検討されたが、受遺者等が、遺留分権利者に不要な財産を押し付けるおそれがあり、遺留分権利者の権利を不当に弱めるとの問題点が指摘され、結局のところ採用されなかった[8]。

　上記のような検討を経て、最終的には裁判所が受遺者等の請求により、金銭債務の支払いの全部または一部の支払いに相当の期限を許与するという制度が採用された。

⑶　期限の許与の請求方法
(i)　金額について争いがなく訴訟が提起されていない場合

　遺留分権利者と受遺者等との間で金銭債務の金額について争いがなく、遺留分権利者が金銭請求訴訟を提起していない場合は、受遺者等が遺留分権利者を被告として訴えを提起して、期限の許与のみの裁判を求めることができる[9]。これは形成の訴えである。

7）　一問一答131頁。
8）　一問一答132頁。
9）　一問一答127頁。

(ii)　遺留分権利者が訴訟を提起している場合

遺留分権利者が金銭請求訴訟を提起している場合において、受遺者等が期限の許与を求めるときは、抗弁として主張すればよいのか、あるいは別訴または反訴を提起しなければならないのかが問題となる。

当事者の請求により裁判所が相当の期限を許与する他の制度として、占有者による有益費償還請求がされた場合（民196条2項ただし書）などがあるが、上記の問題については、すでに存在するこれらの制度と同様に解釈すべきであると考えられている[10]。

過去の裁判例では、賃貸借契約終了に基づく建物の明渡しが権利濫用に該当するか争われた事案で、賃借人による期限の許与の請求を抗弁であると位置付けたものや（大阪高判平24・5・31判時2157号19頁）、賃貸借契約終了時の有益費償還請求についての期限の許与（民608条2項ただし書）について抗弁と位置付けているものがある（函館地判昭27・4・16下民3巻4号516頁）。

他方で、区分所有建物において建替え決議がなされ、区分所有者から区分所有権および敷地利用権にかかる売渡し請求がなされた際の建物の明渡しの期限の許与（区分所有63条5項）について、形成訴訟であり反訴の提起が必要であるとした裁判例もある（大阪高判平14・6・21判時1812号101頁）。

このように当事者の請求により裁判所が相当の期限を許与する制度については解釈が分かれているが、受遺者等は抗弁として主張すればよく、反訴または別訴の提起は不要であるとする考えがある[11]。この点については、今後の裁判例の集積を待つ必要があるだろう。

(4)　判決の主文

(i)　将来の給付判決

裁判所が、金銭請求の支払いについて期限の許与を認めた場合、期限を許与した債務の全部または一部の支払いについて、口頭弁論終結時に弁済期が到来

---

10)　概説改正相続法109頁。
11)　片岡＝菅野・改正相続法と家裁実務252頁。

していないこととなる。裁判所が期限を許与する場合の猶予期間は受遺者等が資金調達に必要な相当な期間となるため、通常は将来給付の訴え（民訴135条）の要件を充たし、裁判所は将来給付の判決をすることになる。

　この点、遺留分権利者が提起した金銭請求訴訟が無条件であったとしても、通常は条件到来時の給付を求める趣旨も包含されていると解されるため（最判平23・３・１判時2114号52頁参照）、裁判所は訴えの変更をすることなく、将来給付の判決をすることができると解されている[12]。

(ii)　判決の主文
(ア)　全部について期限を許与する場合

　裁判所が、遺留分侵害額が1000万円、期限を令和２年10月１日まで許与する将来の給付判決をする場合は以下のような主文になる[13]。なお、令和元年10月１日に遺留分権利者から受遺者等に対し金銭請求がされたものとする。

> 1　被告は、原告に対し、令和２年10月１日が到来したときは1000万円及びこれに対する令和２年10月２日から支払済みまで年５分の割合による金員を支払え。
> 2　原告のその余の請求を棄却する。

(イ)　一部について許与する場合

　また、裁判所が1000万円の遺留分侵害額を認定し、その一部である400万円について令和２年10月１日まで期限を許与する場合には以下のような主文になる[14]。なお、令和元年10月１日に遺留分権利者から受遺者等に対し金銭請求がされたものとする。

> 1　被告は、原告に対し、600万円及びこれに対する令和元年10月１日から支払済みまで年５分の割合による金員を支払え。
> 2　被告は、原告に対し、令和２年10月１日が到来したときは400万円及びこれに対する令和２年10月２日から支払済みまで年５分の割合によ

12）　一問一答129頁。
13）　一問一答129頁。
14）　一問一答130頁。

> る金員を支払え。
> 3 原告のその余の請求を棄却する。

⑸ 現物を提供する旨の合意

　なお、遺留分侵害額請求権は金銭債権であるが、当事者である遺留分権利者と受遺者等が、金銭の支払いに代えて現物を提供する旨の合意をすることは、代物弁済の合意（民482条）として認められるものと解されている[15]。

15）潮見・詳解相続法559頁。

保険金の受領

Ⅰ　生命保険における受領金の取扱い

1　はじめに

　本節では、被相続人が保険契約者兼被保険者であって、あらかじめ特定の法定相続人等を死亡保険金受取人に指定する「第三者のためにする生命保険（死亡保険）」（保険法42条）を典型的なモデルとして、被保険者（被相続人）の死亡によって具体的に発生する保険給付の場面の法律問題を概観する。

2　保険給付──一般的な保険給付の方法

⑴　一般的な保険給付

　被保険者の死亡によって、あらかじめ指定された保険金受取人に対して保険契約で定められた保険金額が保険会社から支払われる。

　具体的な手続としては、第1に、保険金受取人は、被保険者が死亡したことを知ったとき、遅滞なく保険会社に対してその旨の通知を行う必要がある（保険法50条）。

　第2に、保険金受取人は、保険会社所定の保険金請求書に必要事項を記載のうえ、被保険者の死亡診断書や保険金受取人の本人確認資料のほか保険会社から求められる資料等を添付して保険会社に提出する必要がある。

　一方、保険金請求書を受領した保険会社は、被保険者の死亡についての免責事由の存否などの必要な調査を行い、保険給付の可否を決定する。

⑵　保険金受取人として複数の相続人が指定されていた場合

　保険契約者兼被保険者（被相続人）が保険金受取人として複数の相続人を指定していた場合、保険会社の約款または実務では以下のいずれかの取扱いがな

される。

> ①　保険金受取人として指定された複数の相続人の間で、保険金受取人代
> 　表を選任し、その者がすべての保険金受取人を代理して保険給付請求を
> 　行う。
> ②　上記①の保険金受取人代表の選任が調わない場合には、各相続人は保
> 　険会社に対して個別にその相続割合に応じた保険給付請求を行う。

(3)　保険給付の履行期

　今日の保険約款では、たとえば、以下のような保険給付の履行期が定められ
ている。

> 　保険金等のご請求があった場合、当社は、保険金等をお支払いするため
> の確認等が必要な場合を除き、必要書類が当社に到達した日の翌日からそ
> の日を含めて5営業日以内に保険金等をお支払いします。

　保険会社の保険給付が上記のような約款に定められた履行期を徒過する場合
には、保険会社は保険金受取人への保険給付に遅延利息を付す必要がある。

3　保険給付——さまざまな給付方法

　生命保険（死亡保険）において、被保険者が死亡した後の保険給付の一般的
な給付方法は上記のとおりであるが、今日では、利用者利便の向上と保険会社
の創意工夫によってさまざまな保険給付の方法が行われている。

　そこで、以下ではそうした保険給付の方法の一例を概説する。

(1)　定期金支払い

　被保険者の死亡によって、あらかじめ指定された保険金受取人に対して、保
険会社から保険契約で定められた保険金額が一時金で支払われるのが一般的で
あるが、締結した保険契約の内容などによっては一時金ではなく、定期金払い
などの方法によって保険給付が行われる場合がある。

(2)　保険金すえ置き制度

　保険金すえ置き制度は、支払われるべき保険給付の使途が決定するまでの一定期間保険給付をすえ置き、すえ置き期間の間、保険会社が利息を付すものである。

(3)　リビングニーズ特約

　被保険者の余命が6か月以内と診断された場合に、被保険者の生前に死亡保険金の一部または全部を保険給付する特約である。

(4)　生命保険信託

　保険会社と信託銀行との提携を通じて行われている生命保険信託とは、生命保険の死亡保険給付を信託財産として、保険契約者兼被保険者を委託者、信託銀行を受託者、保険契約者が指定する者を受益者として組成される他益信託の方法によって行われる信託をいう。

　今日ではさまざまなバリエーションの家族信託が実際に行われているところであるが、生命保険信託も第1受益者を妻、第2受益者を子とするといったように、信託を活用して柔軟な設計が可能となる点が注目されている[1]。

4　保険金受取人に関する諸問題

(1)　保険金受取人の先死亡

　被保険者が死亡するよりも前に保険受取人が死亡した場合であって、その後、保険契約者兼被保険者が新たな保険金受取人を再指定することなく死亡した場合、当該保険契約における保険給付請求権の帰趨が問題となる。

　この場合について、保険法46条は、当初の保険金受取人の相続人全員が保険金受取人になると定めている。

　保険金受取人の先死亡の場合の相続人間の権利取得割合について、保険法施

1）矢野慎治郎「家族信託と保険」生命保険論集206号（2019）163頁。

行前商法676条 2 項（保険法46条に相当する）の解釈が争点となった最三小判平 5 ・ 9 ・ 7 （民集47巻 7 号4740頁）は、各保険金受取人の権利の割合は、民法427条の規定の適用により相続人間は均等割合によると判示している。

　なお、相続人間の権利取得割合については、保険約款において上記最判とは別途の定めを置くものもある。

(2)　被保険者と保険金受取人の同時死亡

　被保険者（被相続人）と保険金受取人（相続人）とが同時に死亡した場合の取扱いが問題となりうる。

　被保険者（被相続人）と保険金受取人（相続人）とが同時に死亡した場合には、被保険者（被相続人）は保険法46条にいう「保険金受取人が保険事故発生前に死亡したときは、その相続人全員が保険金受取人になる」の「相続人」に含まれるのかどうかという問題である。

　この点、最三小判平21・ 6 ・ 2 （民集63巻 5 号953頁）は、「指定受取人の死亡の時点で生存していなかった者はその法定相続人になる余地はない（民法882条）。したがって、指定受取人と当該指定受取人が先に死亡したとすればその相続人となるべき者とが同時に死亡した場合において、その者又はその相続人は、同項にいう『保険金額を受け取るべき者の相続人』（筆者注：保険法施行前商法676条 2 項）には当たらないと解すべきである」と判示した。

(3)　保険金受取人による保険給付請求権の放棄

　被相続人が保険契約者兼被保険者であって、あらかじめ特定の法定相続人等を死亡保険金受取人に指定する「第三者のためにする生命保険（死亡保険）」（保険法42条）を典型的モデルとした場合、すでに**第 1 章Ⅱ**で述べたように、保険給付請求権は保険金受取人が原始取得する固有財産と解され、相続人たる保険金受取人が相続放棄や限定承認などを行う場合であっても、保険金受取人としての保険給付請求権の行使には何らの影響を与えない。

　以上のとおり、相続の放棄は保険金受取人が原始取得する保険給付請求権の帰趨に影響を与えるものではないが、これとは異なり、保険金受取人が保険給

付請求権の行使自体を放棄した場合が問題となる。

　この点に関し、保険法施行の前後を通じて、保険事故発生後に保険給付請求権の行使を放棄した事例について、各裁判例は、保険給付請求権は確定的に消滅すると判示している[2]。

(4)　保険金受取人の法的地位

　第1章Ⅱで概観したとおり、保険契約者兼被保険者である場合、保険契約者は自らの意思で保険金受取人を変更することができるばかりでなく、保険給付請求権の譲渡や質権設定も可能である。

　保険金受取人は、被保険者が死亡するまでは「被保険者が死亡した場合に保険給付請求権を確定的に取得する」という条件付き権利またはその期待権を持つだけであり、被保険者の死亡によって初めて保険金受取人としての保険給付請求権が具体的に確定することになる。

　この意味において、被保険者が死亡するまでの保険金受取人の法的地位は、きわめて流動的な地位にあるということができよう。

(5)　保険金受取人による介入権の行使

　上記のとおり、被保険者が死亡するまでの保険金受取人の法的地位は、きわめて流動的な地位にあるといえるが、そうした中でも、保険契約者兼被保険者の債権者が保険契約の解約返戻金請求権を差し押さえて、その取立権の行使として債権者が保険契約を解約しようとした場合、保険金受取人は介入権を行使して保険契約を存続させることができる（保険法60条2項）。

2）大阪高判平11・12・21金判1084号44頁、大阪高判平27・4・23判例集未登載（2015WLJ
PCA04236005）があり、これらの詳細な分析については広瀬裕樹「生命保険契約における
死亡保険金請求権の放棄」生命保険論集207号（2019）81頁、大塚英明「保険法42条に関す
る小考」保険学雑誌646号（2019）55頁を参照。

保険契約者貸付けと民法478条の類推適用の可否

1　保険契約者貸付けとは

　生命保険契約の約款（損害保険の積立型保険商品の約款を含む）には、保険契約者は保険会社から当該保険契約の解約返戻金の8～9割の範囲内の金額の貸付けを受けることができ、貸付金の元利金は保険会社が保険金または解約返戻金を支払う際にこれを差し引く旨の定めがあり、かかる定めに基づいて保険会社から保険契約者に行われる貸付けを保険契約者貸付けという。

　契約者貸付けは、保険約款上の義務の履行として行われるうえ、貸付金額が解約返戻金の範囲内に限定され、保険金等の支払いの際に元利金が差引計算されることに鑑みると、その経済的実質は保険金または解約返戻金の前払いと同視できる。

　契約者貸付けは、保険契約者にとっては所要資金の簡易な調達手段であり、その返済も将来、保険金または解約返戻金の支払いを受ける際に相殺が可能であることから、使い勝手の良い制度といえる。一方、保険会社にとっても保険契約の存続を図ることができ、資産の維持に資する制度といえよう。

2　保険契約者の妻による契約者貸付けの申込みと民法478条の類推適用の可否

　契約者貸付けは、保険契約者が保険会社に対して貸付けの申込みをなしうるものであるが、これを保険契約者の代理人を装った妻などの第三者が保険契約者に無断で貸付けの申込みをなした場合の取扱いが問題となる場合がある。

　すなわち、Xは、Xを保険契約者兼被保険者、Xの妻であるAを保険金受取人とする生命保険契約をY保険会社との間で締結しているところ、AはXに無断でXの代理人としYから契約者貸付けを受け、借り入れた金員の大半を生活費等に費消した。

　AはYに契約者貸付けを申し込むにあたり、Xが記載・作成したX名義の

委任状、本件保険契約の生命保険証券、本件保険契約の締結に用いられたX
の印鑑と同一の印鑑、AがXの妻であることがわかる健康保険証等をYに提
示し、本件契約者貸付けの振込先もX名義の銀行口座であったことから、Y
はAにXの代理権があるものと誤信して本件貸付けを行ったものである。

　本件生命保険契約が終了し、YはXに対して、満期保険金から本件契約者
貸付元利金合計額を控除して満期保険金を支払う旨を通知したところ、Xは、
Aがなした本件契約者貸付けは無権代理であり無効と主張し、Yに対して債務
不存在確認訴訟を提起した。

3　判　　例

最一小判平9・4・24民集51巻4号1991頁

最高裁判所の判断

　保険契約者貸付けの経済的実質が保険金または解約返戻金の前払い（すなわ
ち保険会社の保険契約者等に対する弁済）と同視できるとし、「保険会社が、右
のような制度に基づいて保険契約者の代理人と称する者の申込みによる貸付け
を実行した場合において、右の者を保険契約者の代理人と認定するにつき相当
の注意義務を尽くしたときは、保険会社は、民法478条の類推適用により、保
険契約者に対し、右貸付けの効力を主張することができるものと解するのが相
当である」と判示した。

4　保険会社と保険契約者等の一般債権者との優劣

　判例は、上記のとおり、保険会社による契約者貸付けを保険金または解約返
戻金の支払いと同視して、民法478条の類推適用による判断枠組みを採用した
点に注目すべきであろう。

　なお、すでに触れたとおり、契約者貸付けの元利返済金は、保険約款の定め
に基づいて、保険会社が保険契約者等に支払う保険金または解約返戻金から差
し引き（相殺）されることとなり、保険契約者等の一般債権者がこれを確保す
ることはできない。

被保険者と保険金受取人の同時死亡の場合の取扱い

1　被保険者と保険金受取人の同時死亡が生じるケース

被相続人が保険契約者兼被保険者であって、あらかじめ特定の法定相続人等を死亡保険金受取人に指定する「第三者のためにする生命保険（死亡保険）」をモデルとする場合、保険契約者兼被保険者と保険金受取人との関係は、典型的には夫婦であったり親子であったりする場合が大半と考えられる。

たとえば、交通事故、大規模な自然災害、旅行中の災害等の発生可能性を考えると、被保険者と保険金受取人とが同時死亡の推定（民32条の2）を受けるケースは、被保険者と保険金受取人とが夫婦や親子関係の場合には、決して珍しい事態ではないことが理解されよう。

2　問題の所在

被保険者と保険金受取人とが同時死亡の推定を受けるケースでは何が問題となるのであろうか。これは本文でも取り上げた、被保険者が死亡するよりも先に保険受取人が死亡した場合、すなわち保険金受取人の先死亡の場合と同様に取り扱われるかどうかの問題に帰着する。

被保険者が死亡するよりも先に保険受取人が死亡した場合であっても、その後、被保険者が新たな保険金受取人を再指定した場合には、再指定された新たな保険金受取人が登場することから、その後に被保険者が死亡した場合であっても、再指定された新たな保険金受取人が生存している限り、保険給付をめぐる法律関係は明確になっているといえる。

一方、被保険者が死亡するよりも先に保険受取人が死亡した場合であって、被保険者が新たな保険金受取人を再指定しないまま死亡した場合には、当初の保険金受取人の相続人全員が保険金受取人となり（保険法46条）、その相続人間の権利の取得割合は、民法427条の規定の適用により均等割合となる（最三小判平5・9・7民集47巻7号4740頁、I参照）。

　本コラムで対象とするような被保険者と保険金受取人とが同時死亡の推定を受けるケースでは、被保険者が新たな保険金受取人を再指定することなど不可能であるから、正に保険法46条が適用されるとともに前掲最三小判平5・9・7が当てはまるとも考えられる。

　そこで、被保険者と保険金受取人とが同時死亡の推定を受けるケースについて、従来の下級審裁判例では、保険法施行前商法676条2項（保険法46条に相当）の適用または準用によって、保険金受取人が先に死亡したものとして取り扱い、保険金受取人の相続人が保険給付請求権を取得するとしていた。

　問題は、保険給付請求権を取得するとされる「保険金受取人の相続人の範囲」である。端的にいえば、ここでいう保険金受取人の相続人には、同時死亡の推定を受けた被保険者も含まれるのかどうかが争点となる。

3　判　　　例

最三小判平21・6・2民集63巻5号953頁

最高裁判所の判断

　指定受取人の死亡の時点で生存していなかった者はその法定相続人になる余地はないから（民882条）、被保険者と保険金受取人とが同時死亡の推定を受けるケースにおいて保険金受取人となるのは、当初に指定された保険金受取人の相続人であって、同時死亡の推定を受けた保険契約者兼被保険者やその相続人は保険金受取人にはならないとした（前記Ⅰ参照）。

4　被保険者と保険金受取人との同時死亡

　本コラムの冒頭で示したとおり、被保険者と保険金受取人とが夫婦や親子関係の場合には、被保険者と保険金受取人とは、相互に相続人と被相続人の関係に立つことが多い。

　さらに被保険者と保険金受取人とが夫婦や親子関係の場合であれば、同時死亡の推定を受けるような事態に遭遇することは決して珍しい事態ではない。被保険者と保険金受取人とが同時死亡の推定を受けるケースについて、保険法では明文の規定を欠くことから、前掲最三小判平21・6・2の判旨は実務上きわめて重要ということができる。

Ⅱ　損害保険における受領金の取扱い

1　はじめに

　第1章Ⅲで述べたとおり、死亡事故の場合の損害賠償請求権は可分債権であり、各相続人に当然分割されることから、原則として遺産分割の対象にはならない（最判昭29・4・8民集8巻4号819頁、最判昭30・5・31民集9巻6号793頁）。

　そうすると、加害者側（事案によっては死亡者の過失割合のほうが大きいこともあろうが、説明の便宜上、第1章と同様に以下では死亡者を被害者、その相手方を加害者とする）の損害保険会社としては、理論的には共同相続人それぞれと個別に交渉していく必要がある。

　もっとも、あくまで共同相続人が取得するのは被害者の損害賠償請求権であり、総損害額を統一的に判断する必要があるし、必ず各相続人と個別に交渉しなければならないとすると、迅速な示談手続や示談金の支払いに支障を来すおそれも否定できない。

　そのため、実務上、加害者側の損害保険会社としては、共同相続人間で相続人代表者を指定するよう求めることが多いものと考えられる。

　他方、このような求めがあっても、共同相続人においてあえて相続人代表者を指定しないこともありうるし、相続人間の感情的な対立や相続人の一部が行方不明であること等から、相続人代表者を指定できないこともありうる。

　いずれにしても、死亡事故の場合には遺族感情や主張が強いことは十分にありうるところであり（過失割合に関する点、死亡慰謝料や逸失利益等の被害者自身の損害額に関する点、遺族固有の慰謝料に関する点等）、相続人側の代理人はもとより、加害者側の損害保険会社や加害者側の代理人弁護士としても、示談内容や具体的な分配等について、より一層の慎重な対応が求められるといえる。

　以下、死亡事故事案において、加害者側の損害保険を利用する場合の示談金の受領方法等の概要について、サンプル書式を交えて説明する（もとより、書式の内容は画一的なものではなく、損害保険会社や代理人弁護士によって異なりうるため、本書のサンプル書式もあくまで参考書式として考えられたい）。

2　具体的な流れや書式

⑴　相続人代表者を定める場合

　上述のとおり、死亡事故において、共同相続人が存在し、かつ、加害者側が任意保険に加入しているときは、加害者側の損害保険会社から被害者の相続人に対し、円滑な示談手続や賠償金の支払等の観点から、相続人代表者を指定するよう依頼することが多いといえる。

　また、共同相続人としては、相続人間で協議を行い、相続人代表者を指定することや代表者について合意に至ったときには、加害者側の損害保険会社に対して相続人代表届を提出するとともに（**サンプル①**「相続人代表届出書」（**図表１**））、他の相続人から加害者側の損害保険会社に対しても、各人の委任状または同意書、印鑑登録証明書を提出することとなる（**サンプル②**「相続人代表者を定める場合の他の相続人の委任状」（**図表２**））。

　なお、実務上はサンプルのように相続人代表届出書と委任状（あるいは同意書）を個別に取り付ける場合のほか、相続人代表届出書と他の相続人の同意書を１枚にした書式を利用することも考えられる。

　以上を受けて、加害者側の損害保険会社としては、専ら相続人代表者との間で示談交渉を行うこととなる。そして、加害者側の損害保険会社は、相続人代表者との間で賠償額等につき合意に至った後は、相続人代表者との間で示談書（または承諾書、免責証書）を取り交わすとともに、相続人代表者の指定口座に所定の賠償金を送金することとなる（**サンプル③**「法定相続人代表者との間の示談の場合」（218頁**図表３**））。その後の法定相続分に基づく分配は、相続人代表者に委ねられるといえる。

【図表1】　サンプル①「相続人代表届出書」

相続人代表届出書

令和●年●月●日

●●損害保険株式会社　御中

　　　　　　　（住所）東京都●区●●1‐1‐1

　　　　　　　（氏名）　山　田　太　郎　　㊞

　　私は、下記交通事故（以下「本件事故」といいます。）の被害者である山田花子氏の死去に伴い、下記相続人を代表して、本件事故による山田花子氏及び下記相続人の損害の賠償に関する交渉等の一切を行うことになりましたので、その旨届出いたします。

＜交通事故の表示＞

事故日　　　　　令和●年●月●日　●時●分ころ

事故場所　　　　東京都●区●●町●‐●‐●先路上

当事者　　　　甲：佐藤　一郎

　　　　　　　乙：山田　花子

乙相続人　　　　山田　太郎

　　　　　　　　山田　二郎

　　　　　　　　山田　三郎

※損害保険会社によっては、「乙相続人」欄は住所氏名が記入される場合もあろう。

【図表2】　サンプル②「相続人代表者を定める場合の他の相続人の委任状」

委　任　状

令和●年●月●日

　受任者

　住　所　＿＿＿＿＿＿＿＿＿＿＿＿＿＿＿＿＿＿＿＿

　氏　名　＿＿＿＿＿＿＿＿＿＿＿＿＿＿＿＿＿＿＿＿

　　私は、＿＿＿＿年＿＿月＿＿日発生の事故によって＿＿＿＿＿様が受けた損害に関し、上記の者を代理人と定め、下記の事項の一切を委任いたします。

　委任者

　住　所　＿＿＿＿＿＿＿＿＿＿＿＿＿＿＿＿＿＿＿＿

氏　名　＿＿＿＿＿＿＿＿＿＿＿＿＿＿＿＿＿＿＿＿　㊞

記

1　示談交渉及び示談書締結

2　損害賠償金の受領

3　復代理人の選任

4　自動車損害賠償保障法に基づく仮渡金、保険金及び損害賠償額の請求受
　　領

……

※損害保険会社によっては、「5」以降で約款所定の保険金の受領も含めることもあろう。

【図表3】 サンプル③「法定相続人代表者との間の示談の場合」

示 談 書

　亡山田花子法定相続人代表者山田太郎（以下、それぞれ「甲」「甲法定相続人
代表者」という。」と佐藤一郎（以下「乙」という。）とは、下記交通事故（以
下「本件事故」という。）による甲及び甲の各法定相続人の損害につき、本日、
以下のとおり示談が成立した。

＜交通事故の表示＞

　　　　発生日時　　令和●年●月●日　●時●分ころ

　　　　発生場所　　東京都●区●●町●－●－●先路上

　　　　第1当事者　乙（●●1111あ●●●●）

　　　　第2当事者　甲（歩行者）

　　　　（甲法定相続人：山田太郎、山田二郎及び山田二郎）

1　乙は甲法定相続人代表者に対し、本件事故による甲及び甲各法定相続人の
　　損害として、既払金●円を除き、金●円の支払義務のあることを認める。

2　乙は甲法定相続人代表者に対し、前項の金員を、令和●年●月●日限り、
　　甲法定相続人代表者の指定する「●●」名義の●●銀行●●支店の普通預金
　　口座（口座番号●●●●●●●）に振込にて支払う。ただし、振込手数料は
　　乙の負担とする。

3　甲法定相続人代表者は、その余の請求を放棄する。

4　甲法定相続人代表者及び乙は、甲の各法定相続人と乙との間には、本件事
　　故に関し、本示談書に記載の以上の条項の他、何らの債権・債務の存在しな

　いことを相互に確認する。

　　以上の示談の成立を証し、本書面２通を作成する。
　　　　　　　　令和●年●月●日
　　　　　　　　甲　山田花子
　　　　　　　　　　東京都●区●●１-１-１
　　　　　　　　　　甲法定相続人代表者

　　　　　　　　　　_____

　　　　　　　　乙　佐藤一郎
　　　　　　　　　　東京都千代田区●●２-２-１　●●ビル●階
　　　　　　　　　　●●法律事務所
　　　　　　　　　　上記乙代理人
　　　　　　　　　　弁護士　高 橋 太 郎

(2)　相続人代表者を定めない場合

　他方、実際の損害賠償にあたり、相続人代表者を定めない、あるいは定められない場合がある。

　たとえば、①共同相続人全員で示談交渉を弁護士に依頼する場合には、ことさらに相続人代表者を指定する必要はないといえる。また、②それ以外の場合（共同相続人の１人または数人と他の共同相続人との関係性が悪く、協議等が困難である場合、共同相続人の一部が認知症や行方不明である場合等）では、共同相続人間で協議することは困難であり、相続人代表者を定められないといえる。以下、これらの場合における示談金の受領方法等について概要を説明する。

(i)　共同相続人全員で示談交渉を弁護士に依頼する場合

　まず、共同相続人全員で示談交渉を弁護士に依頼する場合には、交通事故以外の事案と同様、依頼者が複数であるだけであり、受任した弁護士が加害者側の損害保険会社または加害者側の代理人弁護士と交渉していくことになる。

　そして、交渉で示談できた場合には、通常の場合と同様に示談書を取り交わすことになる（**サンプル④**「法定相続人ら代理人弁護士との間の示談の場合」（次

頁図表4))。他方、訴訟に移行し、訴訟上の和解に至った場合には、損害賠償請求権が可分債権であることから、このことを意識した和解調書の作成を求めることとなろう（**サンプル⑤**「法定相続人である原告らとの間の訴訟上の和解の場合」（**図表5**））。

【図表4】 サンプル④「法定相続人ら代理人弁護士との間の示談の場合」

示 談 書

　山田太郎、山田二郎及び山田三郎（亡山田花子法定相続人。以下、亡山田花子を「甲」といい、この法定相続人3名を「甲法定相続人ら」という。）と佐藤一郎（以下「乙」という。）とは、下記交通事故（以下「本件事故」という。）による甲及び甲法定相続人らの損害につき、本日、以下のとおり示談が成立した。

＜交通事故の表示＞

　　　　発生日時　　令和●年●月●日　●時●分ころ
　　　　発生場所　　東京都●区●●町●－●－●先路上
　　　　第1当事者　乙（●●1111あ●●●●）
　　　　第2当事者　甲（歩行者）

1　乙は甲法定相続人らに対し、本件事故による甲及び甲法定相続人らの損害として、既払金●円を除き、金●円の支払義務のあることを認める。

2　乙は甲法定相続人らに対し、前項の金員を、令和●年●月●日限り、甲法定相続人らの指定する「弁護士●●預り口」名義の●●銀行●●支店の普通預金口座（口座番号●●●●●●●）に振込にて支払う。ただし、振込手数料は乙の負担とする。

3　甲法定相続人らは、その余の請求を放棄する。

4　甲法定相続人ら及び乙は、甲法定相続人らと乙との間には、本件事故に関し、本示談書に記載の以上の条項の他、何らの債権・債務の存在しないことを相互に確認する。

　以上の示談の成立を証し、本書面4通を作成する。
　　　　　　　　　　令和●年●月●日
　　　　　　　　　　甲法定相続人　山田太郎、山田二郎及び山田三郎

東京都新宿区●●3-4-5　●●ビル501
●●法律事務所
上記甲法定相続人ら代理人
弁護士　鈴　木　美　貴
乙　佐藤一郎
東京都千代田区●●2-2-1　●●ビル●階
●●法律事務所
上記乙代理人
弁護士　高　橋　太　郎

※便宜上、このサンプルでは「甲法定相続人ら」と一括したものである。

【図表5】サンプル⑤「法定相続人である原告らとの間の訴訟上の和解の場合」

裁判官認印㊞

第●回弁論準備尾手続調書（和解）

事　件　の　表　示　　令和●年（ワ）第●●●号
期　　　　　　　日　　令和●年●月●日午前●時●分
場　　所　　等　　●●地方裁判所準備手続室
裁　　判　　官　　●　　●　　●　　●
裁 判 所 書 記 官　　●　　●　　●　　●
出頭した当事者等　　原告ら代理人　●●●●
　　　　　　　　　　被告代理人　●●●●
指　　定　　期　　日
　　　　当　事　者　の　陳　述　等
当事者間に次のとおり和解成立
第1　当事者の表示
　　　　　　東京都●区●●1-1-1
　　　　　　原　　　告　　　山　田　太　郎
　　　　　　東京都●区●●2-7-14-201
　　　　　　原　　　告　　　山　田　二　郎
　　　　　　東京都●区●●2-1-20
　　　　　　原　　　告　　　山　田　三　郎

　　　　　　　　上記3名訴訟代理人弁護士　鈴　木　美　貴

　　　　　　　　東京都●区●●2-3-4

　　　　　　　　　被　　　　　告　　　佐　藤　一　郎

　　　　　　　　　同訴訟代理人弁護士　高　橋　太　郎

　請求の表示

　請求の趣旨及び原因は訴状のとおりであるから、これを引用する。

　和解条項

1　被告は、原告ら各自に対し、本件交通事故による損害賠償債務として、既払金のほか●●●●万円の支払義務があることを認める。

2　被告は、原告ら各自に対し、前項の金員を令和●年●月●日限り、「弁護士●●預り口」名義の●●銀行●●支店の普通預金口座（口座番号●●●●●●●）に振り込む方法により支払う。ただし、振込手数料は被告の負担とする。

3　原告らは、その余の請求を放棄する。

4　原告ら及び被告は、原告らと被告との間には、本件交通事故に関し、本和解条項に定めるもののほか、何らの債権債務がないことを相互に確認する。

5　訴訟費用は、各自の負担とする。

　　　　　　　　　　裁判所書記官　　●　　●　　●　　●　　㊞

(ii)　それ以外の場合

　上述のとおり、①以外の場合は多岐にわたるものといえる（共同相続人の1人または数人と他の共同相続人との関係性が悪く、協議等が困難である場合、共同相続人の一部が認知症や行方不明である場合等）。

　このような場合、損害賠償請求権が可分債権であることから、相続人としては個別に加害者側の損害保険会社や弁護士と示談交渉を行い、賠償を求めることとなる（サンプル⑥「法定相続人の一部との間の示談の場合」（図表6））。

　なお、稀ではあるが、共同相続人と相続人でない親族との間の関係性が悪化し、一回的な解決ができない場合もある（たとえば、被害者の相続人は妻子のみであり、その妻子との間では示談できたものの、相続人ではない被害者の父母との

関係性が悪化し、別途、その父母と示談する場合等）。

　このような場合、加害者側の損害保険会社としては、自賠責保険から所定の自賠責保険保険金を認定・受領していくにあたり、相続権者のみならず、遺族慰謝料請求権者との間でも示談を行っていく必要が生じうる。そのため、当該遺族慰謝料請求権者と被害者との個別事情（同居の有無や期間、生前の交流状況等）のほか、認定が見込まれる自賠責保険金額等を考慮したうえで、個別に示談交渉を行っていくこととなろう（**サンプル⑦**「相続人ではない親族との間で個別に示談する場合」（次頁**図表7**））。

【図表6】 サンプル⑥「法定相続人の一部との間の示談の場合」

示 談 書

　山田二郎（以下「甲」という。）と佐藤一郎（以下「乙」という。）とは、下記交通事故（以下「本件事故」という。）による亡山田花子及び甲の損害につき、本日、以下のとおり示談が成立した。

＜交通事故の表示＞

　　　　発生日時　　令和●年●月●日　●時●分ころ
　　　　発生場所　　東京都●区●●町●－●－●先路上
　　　　第1当事者　乙（●●1111あ●●●●）
　　　　第2当事者　甲（歩行者）
　　　　（甲法定相続人：山田太郎、山田二郎及び山田二郎）

1　乙は甲に対し、本件事故による亡山田花子及び甲の損害として、既払金●円を除き、金●円の支払義務のあることを認める。

2　乙は甲に対し、前項の金員を、令和●年●月●日限り、甲法定相続人代表者の指定する「●●」名義の●●銀行●●支店の普通預金口座（口座番号●●●●●●●）に振込にて支払う。ただし、振込手数料は乙の負担とする。

3　甲は、その余の請求を放棄する。

4　甲及び乙は、甲と乙との間には、本件事故に関し、本示談書に記載の以上の条項の他、何らの債権・債務の存在しないことを相互に確認する。

　以上の示談の成立を証し、本書面2通を作成する。

　　　　　　令和●年●月●日
　　　　　　甲　山田二郎
　　　　　　　　東京都●区●● 2 - 7 -14-201

　　　　　　　　_____

　　　　　　乙　佐藤一郎
　　　　　　　　東京都千代田区●● 2 - 2 - 1　　●●ビル●階
　　　　　　　　●●法律事務所
　　　　　　　　上記乙代理人
　　　　　　　　弁護士　高 橋 太 郎

【図表7】サンプル⑦「相続人ではない親族との間で個別に示談する場合」

示 談 書

　山田光江（亡山田花子母。以下「甲」という。）と佐藤一郎（以下「乙」という。）とは、下記交通事故（以下「本件事故」という。）による甲固有の損害につき、本日、以下のとおり示談が成立した。

＜交通事故の表示＞

　　　発生日時　　令和●年●月●日　●時●分ころ
　　　発生場所　　東京都●区●●町●－●－●先路上
　　　第 1 当事者　乙（●●1111あ●●●●）
　　　第 2 当事者　山田花子（歩行者）

1　乙は甲に対し、本件事故による甲固有の損害（親族慰謝料）として、金●円の支払義務のあることを認める。
2　乙は甲に対し、前項の金員を、令和●年●月●日限り、甲の指定する「●●」名義の●●銀行●●支店の普通預金口座（口座番号●●●●●●●）に振込にて支払う。ただし、振込手数料は乙の負担とする。
3　甲は、その余の請求を放棄する。
4　甲及び乙は、甲と乙との間には、本件事故に関し、本示談書に記載の以上の条項の他、何らの債権・債務の存在しないことを相互に確認する。

　以上の示談の成立を証し、本書面 2 通を作成する。

令和●年●月●日

甲　山田光江

　　　●●県●市●●町1058-1

　　　――――――――――――――――

乙　佐藤一郎

　　　東京都千代田区●● 2 - 2 - 1 　●●ビル●階

　　　●●法律事務所

　　　上記乙代理人

　　　弁護士　高　橋　太　郎

※サンプルでは「甲固有の損害（親族慰謝料）」と記載したが、これは自賠責保険からの回収等を前提としてあえて記載したものであり、通常の示談書の形式と同様に「損害賠償債務」とすることもあろう。

判例索引

▶高等裁判所

▶地方裁判所

▶家庭裁判所

事項索引

編著者紹介

▶編 著 者

松嶋　隆弘（まつしま　たかひろ）　編集、第1章Ⅰ・コラム03執筆も
日本大学（法学部）教授、弁護士（みなと協和法律事務所）
　1993年日本大学大学院法学研究科博士前期課程修了、司法修習修了（48期）
【主な著書等】
　『注釈モントリオール条約』（共著）（有斐閣、2020年）、『金融・民事・家事の
ここが変わる！実務からみる改正民事執行法』（共編著）（ぎょうせい、2020
年）、『改正民事執行法の論点と今後の課題』（共編）（勁草書房、2020年）、『商
事法講義1～3』（共編）（中央経済社、2020年）、『事業者のためのパンデミッ
クへの法的対応～コロナ禍で生き残る法律知識のすべて～』（共編著）（ぎょう
せい、2020年）、『民事執行法及びハーグ条約実施法等改正のポイントと実務へ
の影響』（共編）（日本加除出版、2020年）、『法務と税務のプロのための改正相
続法徹底ガイド 令和元年施行対応版』（ぎょうせい、2019年）、『改正資金決済
法対応 仮想通貨はこう変わる‼暗号資産の法律・税務・会計』（共編著）
（ぎょうせい、2019年）　等

井口　浩信（いぐち　ひろのぶ）　編集、第1章Ⅱ・第4章Ⅰ・コラム02・04・05
執筆も
日本大学法学部講師　博士〔経営法〕
　1983年日本大学法学部卒業、1999年東京大学大学院法学政治学研究科修士課程
修了、2005年一橋大学大学院国際企業戦略研究科博士課程経営法務専攻修了
【主な著書等】
　『商事法講義2』（共著）（中央経済社、2020年）、『損害保険市場論〔十訂版〕』
（共著）（損害保険事業総合研究所、2019年）、『相続法改正のポイントと実務へ
の影響』（共著）（日本加除出版、2018年）、『損害保険の法律相談Ⅰ』（共著）
（青林書院、2016年）、「死者に関する情報と相続人の個人情報保護法に基づく
保有個人データ開示請求の可否」法律のひろば73巻5号（2020年）60頁　等

吉原　恵太郎（よしはら　けいたろう）　編集、第 1 章 II・第 2 章 I・第 4 章 II・
　　コラム01執筆も
　　弁護士（吉原法律事務所代表）
　　1999年立教大学法学部卒業、2007年明治大学大学院法務研究科卒業、2010年司
　　法修習修了（63期）
　　【主な著書等】
　　『民事執行法及びハーグ条約実施法等改正のポイントと実務への影響』（共著）
　　（日本加除出版、2020年）、『民法（債権法）改正の概要と要件事実』（共著）
　　（三協法規出版、2017年）、『交通事故（はじめての事件シリーズ）』（共著）（創
　　耕舎、2017年）、『LGBT 法律相談対応ガイド』（共著）（第一法規、2017年）　等

▶著　　　者

安藤　哲朗（あんどう　てつろう）　第 2 章 II・VI担当
　　弁護士（東京神田法律事務所）
　　2007年早稲田大学社会科学部卒業、2012年早稲田大学大学院法務研究科修了、
　　2016年司法修習修了（69期）

小林　久貴（こばやし　ひさたか）　第 2 章 II・VI担当
　　弁護士（吉原法律事務所アソシエイト）
　　2013年中央大学法学部卒業、2015年京都大学法科大学院卒業、2016年司法修習
　　修了（69期）

清野　崇宏（せいの　たかひろ）　第 2 章 III担当
　　弁護士（みずがき綜合法律事務所アソシエイト）
　　2005年京都大学総合人間学部卒業、2015年東京大学法科大学院修了、2018年司
　　法修習修了（71期）

荻原　拓真（おぎはら　たくま）　第 2 章 IV・V 1・2(1)〜(3)・(5)・(6)・3・4担
　　当
　　弁護士（平河町綜合法律事務所アソシエイト）
　　2010年法政大学法学部卒業、2012年明治大学法科大学院修了、2014年司法修習
　　修了（67期）

234

山本　暢明（やまもと　のぶあき）　第2章Ⅴ2(4)担当

　　弁護士（吉原法律事務所アソシエイト）

　　2006年中央大学法学部卒業、2014年立教大学法科大学院修了、2016年司法修習
　　修了（69期）

長濱　晶子（ながはま　あきこ）　第3章Ⅰ担当

　　弁護士（長濱・水野・井上法律事務所）

　　2000年早稲田大学政治経済学部卒業、2007年司法修習修了（60期）

清水　光（しみず　ひかる）　第3章Ⅱ担当

　　弁護士（清水法律事務所）

　　2000年立教大学法学部卒業、2004年司法修習修了（57期）、裁判官任官・札幌
　　地方裁判所勤務、2007年名古屋地方裁判所・家庭裁判所豊橋支部勤務、2009年
　　ジョージ・ワシントン大学ロースクール客員研究員、2010年東京地方裁判所勤
　　務、2013年新潟地方裁判所勤務、2014年判事任官、2016年裁判官退官、弁護士
　　登録、清水法律事務所入所

近藤　亮（こんどう　りょう）　第3章Ⅲ担当

　　弁護士（辻河綜合法律事務所）

　　2010年慶応義塾大学経済学部卒業、2014年東京都立大学法科大学院修了、2015
　　年司法修習修了（68期）

　　【主な著書等】

　　『民事執行法及びハーグ条約実施法等改正のポイントと実務への影響』（共著）
　　（日本加除出版、2020年）、『少数株主権等の理論と実務』（共著）（勁草書房、
　　2019年）　等

相続と保険の実務──改正民法（相続法）対応

	松　嶋　隆　弘
編　著　者	井　口　浩　信
	吉　原　恵太郎
発　行　日	2021年1月30日

発　行　所	株式会社保険毎日新聞社
	〒110-0016　東京都台東区台東4-14-8
	シモジンパークビル2F
	TEL　03-5816-2861／FAX03-5816-2863
	URL　http://www.homai.co.jp/
発　行　人	森　川　正　晴
カバーデザイン	塚　原　善　亮
印刷・製本	広研印刷株式会社

©2021　MATSUSHIMA Takahiro, IGUCHI Hironobu,
YOSHIHARA Keitaro　Printed in Japan
ISBN978-4-89293-437-7